Tessa Stiebeling

Wir
vom Jahrgang
1992

Kindheit und Jugend

Impressum

Bildnachweis:

Umschlag:

Privatarchiv Heidenreich (vorne oben), Privatarchiv Stiebeling (vorne unten, hinten);

Innenteil:

Privatarchiv Stiebeling: S. 4, 5, 6, 8, 9 l., 10, 11 u., 13 o./u., 15, 16 o., 17 u., 18, 19 o./M./u., 20, 21 o., 22, 34 l./r., 25 o., 26 o./u., 27 o./u., 28 o./M./u., 29 l./o.r./u.r, 31, 33, 37, 39, 40 o./u., 41 o./u., 42, 44 o., 45, 46 r., 47, 48, 49, 51, 52 o./u., 53, 55, 60 u., 61, 62 o./M./u., 63 o/u.; Privatarchiv Heidenreich: S. 12, 16 u.; Foto Rienäcker: S. 25 u.; Privatarchiv Schmidt-Schalles: S. 60 o.; picture-alliance / dpa | Jörg Carstensen: S. 7 l., picture-alliance / Newscom | Jorge Rios: S. 7 r., picture-alliance / dpa | Clark: S. 9 r., picture-alliance / dpa | Achim Scheidemann: S. 11 o., 17 o., picture-alliance / ZB | Klaus Franke: S. 36, picture-alliance / ZB | Waltraud Grubitzsch: S. 57; ullstein bild – Uselmann: S. 21 u.; ullstein bild – ddp: S 30; ullstein bild – Moenkebild: S. 32, ullstein bild – AP: S. 34; ullstein bild – Haun: S. 44 u., ullstein bild – Wodicka: S. 46 l., ullstein bild – Kiefer: S. 54, ullstein bild – imageBROKER/Kozera: S. 56.

Wir danken allen Lizenzträgern für die freundliche Abdruckgenehmigung.
In Fällen, in denen es nicht gelang, Rechtsinhaber an Abbildungen zu ermitteln,
bleiben Honoraransprüche gewahrt.

5., überarbeitete Neuauflage 2021
Alle Rechte vorbehalten, auch die des auszugsweisen
Nachdrucks und der fotomechanischen Wiedergabe.
Gestaltung und Satz: r2 | Ravenstein, Verden
Druck: Druck- und Verlagshaus Thiele & Schwarz GmbH, Kassel
Buchbinderische Verarbeitung: Buchbinderei S. R. Büge, Celle
© Wartberg-Verlag GmbH
34281 Gudensberg-Gleichen • Im Wiesental 1
Telefon: 056 03/9 30 50 • www.wartberg-verlag.de
ISBN: 978-3-8313-3092-8

Liebe 92er!

„Die meisten Menschen legen ihre Kindheit ab wie einen alten Hut. Sie vergessen sie wie eine Telefonnummer, die nicht mehr gilt. Ihr Leben kommt ihnen vor wie eine Dauerwurst, die sie allmählich aufessen, und was gegessen worden ist, existiert nicht mehr."

Den Spruch von Erich Kästner werden wir deutlich widerlegen. Mit diesem Buch lade ich alle 92er zu einer Zeitreise in die Vergangenheit ein. Gemeinsam werden wir Orte wie den Sandkasten, das Klassenzimmer oder den Sportplatz aufsuchen. Wir werden uns an Ereignisse erinnern: Ferien mit Freunden, Jugendsünden oder die erste Liebe.

Unsere Kindheit und Jugend ist so individuell wie jeder Einzelne von uns. Jeder hat seine eigene Lebensgeschichte, aber dennoch verbindet uns ein Stück Gemeinsamkeit. Geboren in einer dynamischen Zeit, inspirierten uns die gleichen Modeströmungen und ärgerten uns die gleichen Regierungen. Wir feierten einen Jahrtausendwechsel und waren schockiert über das erste geklonte Schaf. Wir tanzten zur gleichen Musik, hörten die Geschichten von Benjamin Blümchen, erlebten den ersten schwarzen US-Präsidenten und die erste deutsche Kanzlerin sowie den Tod von Michael Jackson.

Es war viel los in dieser Zeit und wir waren mittendrin und voll dabei. Kommt mit auf den Weg der 92er und findet eure eigenen Geschichten in einem Buch, dessen Geschichte uns allen gehört.

Eure

Tessa Stiebeling
Tessa Stiebeling

Der Beginn
einer neuen Ära

Der erste „Personalausweis"
am Babybett.

Schön, dass wir da sind

1992 – das Jahr, in dem eine neue
Generation geboren wurde. Wir gehören
zu den 809 114 Kindern, die in diesem
Jahr in Deutschland zur Welt kamen. Die durchschnittliche
Kinderzahl pro Frau in Deutschland lag bei 1,29. Wir wurden nicht geboren, um
als „Sparbüchse für das Alter" zu dienen, sondern für die Geborgenheit und
das Zusammensein in der Familie zu sorgen und besonders das Leben
unserer Eltern kräftig umzukrempeln! Es war eine besondere Zeit für die
Familien, denn neun Monate des Unbehagens, der Schmerzen, der Vorbereitungen, der Schwangerschaftsgymnastik, der Ultraschalluntersuchungen, der
Wickelkurse und der Qual der Wahl hatten ein Ende.

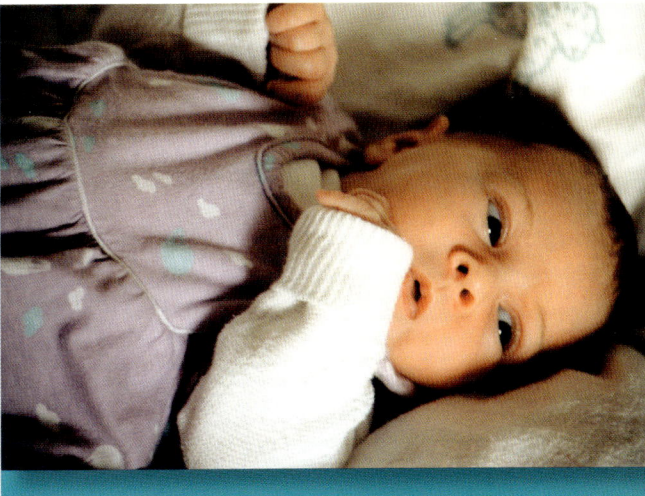
Was ist hier los?

Chronik

14. Mai 1992
„Die Grünen" und das ostdeutsche „Bündnis 90" schließen sich zu einer Ökopartei zusammen.

25. Juli 1992
Bei den Olympischen Sommerspielen in Barcelona startet Deutschland nach der Wiedervereinigung mit einem gemeinsamen Team, das von der intensiven Sportförderung der Ex-DDR profitiert. Südafrika darf nach dem offiziellen Ende der Apartheid wieder teilnehmen.

3. November 1992
In den USA wird Bill Clinton zum 42. Präsidenten gewählt.

10. Dezember 1993
Frederik Willem de Klerk und Nelson Mandela erhalten den Friedensnobelpreis. Mandela wird 1994 zum ersten schwarzen Präsidenten Südafrikas gewählt.

12. Dezember 1993
Die ersten demokratischen Wahlen in Russland gewinnt Boris Jelzin.

1. Januar 1994
In Deutschland wird die Eisenbahn privatisiert; die Deutsche Bahn AG wird gegründet.

21. März 1994
Der Film „Schindlers Liste" erhält sieben Oscars.

6. April 1994
Beginn des Völkerkrieges zwischen Hutu und Tutsi in Ruanda mit über 1 Mio. Toten.

6. Mai 1994
Elisabeth II. und François Mitterand eröffnen den Eurotunnel unter dem Ärmelkanal. Der Tunnel zählt zu den sieben modernen Weltwundern.

11. Juni 1994
§ 175 StGB, der die männliche Homosexualität unter Strafe stellt, wird gestrichen.

16. Oktober 1994
Roman Herzog wird Bundespräsident und Helmut Kohl bleibt Kanzler einer CDU/ CSU-FDP-Regierung.

Rosa oder Hellblau? Puppenwagen oder Bagger? Geblümtes Kleidchen oder Latzhose? Was wird es? Wie soll es heißen? Sarah, Julia, Lisa, Anna oder doch Jan, Tim, Philipp, Daniel?! Wollen wir es überhaupt schon wissen? Schwierige Fragen, die sich unsere Eltern vor unserer Geburt stellen mussten. Letztendlich hatten sie keinen Einfluss darauf, ob es ein Felix oder eine Franziska wurde. Fest stand, dass man einiges vorzubereiten hatte. Doch auch hier musste man sich zwischen einer neu gekauften Erstausstattung oder dem bewährten Kinderwagen oder der Wiege von Freunden und Verwandtschaft entscheiden. Die Mütter begannen fleißig die Kinderzimmer zu dekorieren und entwickelten hierbei neue kreative Fähigkeiten, während sich die Omis emsig an das Stricken der ersten Söckchen machten. Viele Mütter entbanden stationär, doch auch immer mehr Eltern entschieden sich für eine ambulante Entbindung oder sogar eine Hausgeburt mithilfe einer Hebamme.

Endlich ist das Geschwisterchen da!

Die Zeit der Vorfreude erreichte ihren Höhepunkt. Nun war es so weit: Unser lang ersehnter Schlüpftag stand vor der Tür! Im Kreißsaal wurde es hektisch, der Partner stand neben dem Bett und litt bei jedem Pressen mit.

Manch einer von uns konnte es kaum erwarten, dem Bauch der Mutter zu entfliehen, wohingegen der eine oder andere lieber noch etwas im warmen Wasser gedümpelt wäre, um die ach so sorgenfreie Zeit und die gute Versorgung in aller Ruhe zu genießen. Aber irgendwann wurde die „Wohnung" zu eng und wir erblickten das Licht der Welt. Wir waren zwar noch winzig klein, aber dennoch hatten wir eine große Wirkung auf unser Umfeld, denn durch unser Dasein zogen wir alle Aufmerksamkeit auf uns. Wir standen im Mittelpunkt! Wir waren wie die Sonne im Planetensystem, um die sich alles drehte. Papa durfte das erste Bad übernehmen und hielt stolz das kleine Päckchen in den Armen. Schließlich konnte sich die Familie endlich auf den Weg zurück ins vertraute Heim machen.

Unsere Eltern, glücklich und meist übermüdet von den Anstrengungen und den kurzen Nächten, fragten sich, ob sie für alles gesorgt hätten: Kinderwagen, Krippe, Babyflasche, Pampers ... Bis unser Equipment wirklich komplett war, brauchte es seine Zeit, besonders wenn man noch kein älteres Geschwisterchen hatte! Diese waren meist auch begeistert, wenn sie mitbekamen, wie aus dem Kugelbauch ein kleines menschliches Etwas herauskam. Sie sahen uns hauptsächlich als neuen Spielgefährten, mit dem sie leider nicht wirklich viel anfangen konnten, da wir außer essen, trinken und schreien noch nichts auf dem Kasten hatten.

Michelle von
Treuberg als Sprotte.

Twilight-Star
Taylor Lautner.

Wir sind die 92er-Promis

5. Februar	*Neymar*, brasilianischer Fußballstar
11. Feb.	*Taylor Lautner*, US-amerikanischer Schauspieler (Jacob Black in „Twilight")
30. April	*Marc-André ter Stegen*, deutscher Fußballprofi
2. Mai	*Vanessa Mai*, deutsche Schlagersängerin
19. Mai	*Sam Smith*, britischer Singer-Songwriter
3. Juni	*Mario Götze*, deutscher Fußballprofi
7. Juli	*Toni Garrn*, deutsches Topmodel
22. Juli	*Selena Gomez*, US-amerikanische Schauspielerin
12. August	*Cara Delevingne*, britisches Topmodel
16. Sept.	*Nick Jonas*, US-amerikanischer Schauspieler und Musiker (Mitglied der Band „Jonas Brothers")
27. Oktober	*Jella Haase*, deutsche Schauspielerin („Fack Ju Göhte")
9. Nov.	*Michelle von Treuberg*, deutsche Schauspielerin („Die Wilden Hühner")
23. Nov.	*Miley Cyrus*, US-amerikanische Schauspielerin und Sängerin

1. bis 3. Lebensjahr

Trautes Heim – Glück allein?

Mamas und Papas Leben war durchgeplant – zumindest seitdem es uns gab. Karriere, Freizeit und Kinderkriegen bzw. -erziehen war oft schwer unter einen Hut zu bekommen. Für das glückliche Elternpaar wurden die Tage immer kürzer und die Nächte länger. Die Kleidung wurde schäbiger und „babytauglich", die Brieftasche dünner. Es stellte sich die Frage, ob man reif für ein weiteres Kind sei oder lieber erst mal nicht?! Wohl der jungen Familie, bei der Oma und Opa noch in der Nähe wohnten und sich gerne dazu bereiterklärten, den

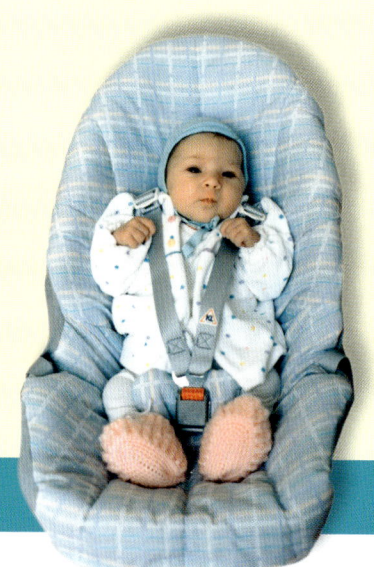

Babysitter zu spielen. Bei ihnen war man immer in den besten Händen und beim täglichen Spaziergang im Kinderwagen wurde man stolz sämtlichen Bekannten vorgeführt. „Oh wie niedlich! Wie schwer ist er denn?", „Kann sie schon krabbeln?", „Sieht aus wie die Mutter!" waren nur einige Kommentare, von denen wir nichts aus dem geräumigen Kinderwagen und später aus dem Buggy mitbekamen. Wir waren viel zu sehr damit beschäftigt zu strampeln, fremde Finger zu umklammern, an allem rumzulutschen oder zu schlafen.

Festgeschnallt können wir überall mit hin.

O tempora, o mores

Als das Leben für uns gerade erst begann, standen unsere Eltern bereits in ihrer vollen Blüte. Sie erlebten die Gründung der Bands „Fettes Brot" und „Blink 182", ohne zu wissen, dass diese Gruppen für uns kultig werden würden. In der Stereoanlage dudelten auf den Musikkanälen Songs wie: „Sweat (A La La La La Long)" von Inner Circle, „To Be With You" von Mr. Big, „Knocking On Heavens Door" von Guns N'Roses, „Smells Like Teen Spirit" von Nirvana oder – obwohl wir schon gezeugt waren – „Let's Talk About Sex" von Salt 'N' Pepa. Erst sehr viel später sollte uns die Bedeutung dieser Hits aufgehen, denn bei uns waren eher „Nur der Mann im Mond" oder „Alle meine

Entchen" angesagt. Während wir in unserer Wiege schlummerten, bekamen wir den normalen Alltag im Jahr 1992 kaum mit. Dieses ganz besondere Jahr wurde dem Entdecker Kolumbus gewidmet, die Fledermaus wurde Tier des Jahres und diesmal übernahm das Rotkehlchen als ausgezeichnetes Tier die „Macht" im Vogelreich.

In unserem Geburtsjahr 1992 wurden die Deutschen immer noch vom Wende-Kanzler Helmut Kohl regiert und die Mauer in den Köpfen vieler Deutscher war nach dem Einheitstaumel der ersten wiedervereinten Jahre höher als zuvor. Und das, obwohl die Gauck-Behörde die Stasi-Akten verwaltete und die Dossiers allen Betroffenen zugänglich machte. Und obwohl das gesamtdeutsche Team bei den Olympischen Sommerspielen in Barcelona kräftig von der intensiven Sportförderung der Ex-DDR profitierte.

Nicht sehr ruhmreich hingegen war das Abschneiden der deutschen Elf mit Berti Vogts als Trainer bei der Europameisterschaft in Schweden im Endspiel. Die Mannschaft verlor gegen das dänische Team. Dessen Spieler waren erst kurz vor Beginn des Turniers aus dem Urlaub zurückgerufen worden, denn Jugoslawien hatte wegen des Bürgerkrieges auf dem Balkan auf die Teilnahme verzichten müssen. Sportlich gesehen war Dänemark damit in Europa top, politisch aber ein völliger Flop, denn die Dänen votierten gegen den Ausbau der EG zur EU.

Man muss alles einmal probieren ...

Das Beste am Jahr 1992 sind wir!

Traurig war im Jahr 1992, dass so berühmte Zeitgenossen wie der ehemalige Bundespräsident Carl Carstens, die Schauspielerin Marlene Dietrich und Altbundeskanzler Willy Brandt gestorben sind.

Das Jahr war allerdings ein besonderes, weil wir 92er geboren wurden, und zwar im chinesischen Kalender unter dem Zeichen des Affen. Die unter dem Symbol des Affen Geborenen verfügen bekanntermaßen über einen hellen Verstand, mit dem sie Probleme rasch lösen können. Sie sind schlagfertig und humorvoll und stets bereit, anderen zu helfen. Manchmal genießen sie es, anderen einen Streich zu spielen oder ihrer Abenteuerlust nachzugeben. Sie sind gute Zuhörer und Ratgeber und ihr Lieblingsobst sind natürlich Bananen, oder? Es gab viele einschlägige Ereignisse, aber wir sind mit Abstand das Größte und Beste und wir werden der Welt schon zeigen, wie der Affe springt.

Ich brauch keine Windel!

Im Strampler an der Milchbar

Wir Neugeborene nahmen selbstverständlich die elterliche Rundumbetreuung in Anspruch. Unsere Hauptbeschäftigungen waren schlummern, essen und schreien. Manch einer von uns wollte kein Mittagsschläfchen halten, ließ sich nicht baden oder verweigerte die täglichen Mahlzeiten. Andere waren eher ruhig und gesellig. Unsere nicht einfallslosen Eltern entwickelten also ihre ganz eigenen Strategien, um uns dazu zu bringen, nicht weiter zu nörgeln, und um uns ein Lächeln ins Gesicht zu zaubern. Falls ein bisschen auf dem Arm hin und her wippen, Fratzen schneiden und leises Vorsingen nicht half, versuchte man es eben mit einer kleinen Spazierfahrt im Auto oder dem Kinderwagen. Das Fläschchen immer griffbereit! Besonders beeindruckend waren auch unsere Entdeckungen. Ein Mobile schwebte vor

Irgendwie krieg ich den Brei
schon aus dem Glas!

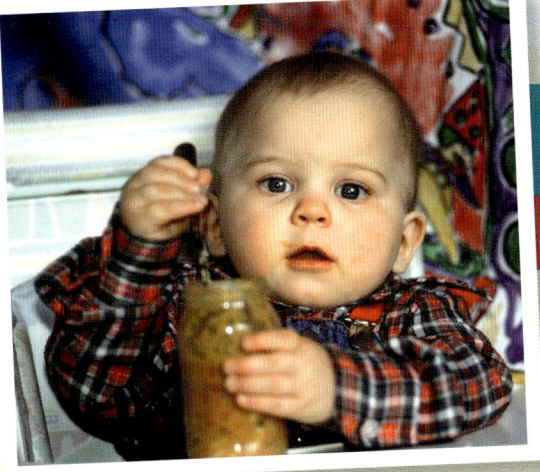

unseren Augen, wir hörten die Rassel, die uns hingehalten wurde, betrachteten den gemusterten Vorhang oder wir verfolgten das Licht- und Schattenspiel der Gardine. Auch unsere Hände und Füße wurden plötzlich interessant und greifbar. Greifen und tasten – zwei unverzichtbare Bewegungen. So konnten wir unserem Schrei nach Brei zusätzlich Ausdruck verleihen. Als Nahrung gab es zunächst noch die frische Milch direkt von Mama oder abgepumpt aus dem Fläschchen. Ein kleines „Bäuerchen" hinterher und schon konnte man sich wieder ein wenig ausruhen. Schließlich mussten wir uns unsere Kräfte für das große Krabbeln aufsparen.

Wer schläft als Erster?

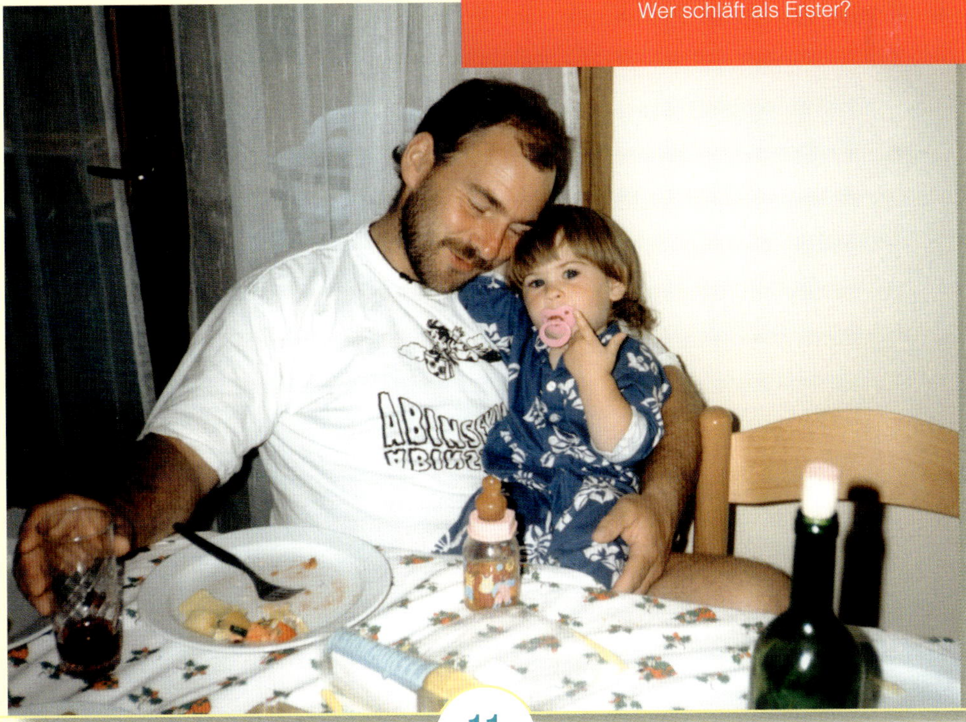

Krieg in Osteuropa – die Balkankrise

In den 90er-Jahren des letzten Jahrtausends zerfiel der kommunistische Block im Osten Europas. Manchen Staaten gelang die Umwandlung ihres politischen Systems recht gut, die größten Probleme bei der Neuorganisation hatte der Vielvölkerstaat Jugoslawien. Ethnische und religiöse Gegensätze, die tiefer nicht sein konnten, stürzten das Land in eine Reihe von blutigen Bürgerkriegen. Der Einsatz der NATO wurde notwendig, um erbittert kämpfende, verfeindete Volksgruppen mit Waffengewalt zu trennen. Im Rahmen der NATO-Missionen griff auch die Bundeswehr aktiv in die Kampfhandlungen ein.

Nach Volksabstimmungen erklärten zunächst Slowenien und Kroatien im Juni 1991 ihre Unabhängigkeit, gefolgt von Mazedonien (November 1991) und Bosnien und Herzegowina (März 1992). Durch Parlamentsbeschluss erfolgte die Umbenennung von Jugoslawien in „Serbien und Montenegro" am 4. Februar 2003.

Robben, krabbeln, rutschen – Hauptsache Land gewinnen!

Nach ungefähr zehn Monaten lautete die Devise: Vorwärts marsch! Dies wurde unser Motto und wir begaben uns auf Entdeckungstour durch die Wohnung. Sehr zum Leidwesen unserer Eltern! Jetzt begann die Zeit der unbedingten Obacht, denn das Haus war nicht überall kindersicher. Obwohl die Steckdosen abgesichert und die Regale fest verankert waren, entdeckten wir immer wieder etwas Neues, an dem wir Spaß hatten. Bald machten wir uns mit viel Energie und Fantasie an die schwierige Aufgabe der schnelleren Fortbewegung. Immer auf dem Arm, in der Rückentrage oder einem um den Körper geschlungenen Tragetuch zu sitzen wurde allmählich langweilig. Zunächst übten wir uns im Robben auf dem Bauch. Diese Vorform überwanden wir schnell und schulten unsere Motorik im Krabbeln. Im Kinderzimmer fanden wir Förmchen, weiche Bälle und geometrische Figuren zum

Mit dem Lauflernwagen unterwegs.

Stapeln. Als Lauflernhilfe gab es Holzwägelchen zum Festhalten, den berühmten Gehfrei, oder Räder, die am Ende eines Stockes befestigt waren und uns eine gute Möglichkeit zum Ausbalancieren boten.

Gut gerüstet für den Notfall.

Bald wurde das Kinderzimmer mit den Spielsachen zu langweilig und wir wagten uns auf neues Terrain. Es gab noch so viel zu entdecken. In der Küche war es ganz schön spannend, denn dort warteten Schränke und Schubladen darauf, durchstöbert und ausgeräumt zu werden. Auch im Flur spielten wir gerne mit den Schuhen. Im Wohnzimmer betrachteten wir fasziniert die Flimmerkiste und den dahinter versteckten Kabelsalat. Wir 92er Krabbelkinder griffen nach allem, was sich bewegte, glitzerte und farbenfroh leuchtete. Aus der Perspektive der Erwachsenen sah das alles unbedeutend aus, aber auf uns übten Steckdosen, Pflanzen, Tiere, Treppen oder der Schlitz des Videorekorders eine unwiderstehliche Anziehungskraft aus. Mama und Papa waren immer auf Alarmstufe eins, um alle Gefahrenquellen und Verschluckteile zu beseitigen und das Unfallrisiko an Treppen und Stufen, im Bad und Wohnzimmer möglichst gering zu halten.

Wenn ich groß bin, komme ich ins Fernsehen.

Vom Zwergen- land in die Grundschule

Raus aus dem Kinderzimmer, rein in den Kindergarten

Die Haare gekämmt, die Lieblingshose an und den Minirucksack auf den Rücken geschnallt, so ging es Hand in Hand mit Mama oder Papa zum Kindergarten. Endlich bei der richtigen Gruppe angekommen, sahen wir zum ersten Mal unsere KindergärtnerInnen und all die anderen Zwerge, die ebenfalls noch etwas zurückhaltend spielend den bunten Raum erkundeten. Noch schien alles in Ordnung, doch als die Eltern gehen sollten, wurde es still im Raum und einige von uns klammerten sich schluchzend an das mütterliche Bein, in der Hoffnung wieder mit nach Hause genommen zu werden. Die tröstenden Worte „Ich komme doch bald wieder ..." halfen nur wenig. Um uns die Abschiedsprozedur zu erleichtern, gaben uns unsere Eltern unser Lieblingskuscheltier von zu Hause mit. So saßen wir dort, das Kuscheltier immer in

Chronik

1. Januar 1995
Österreich, Finnland und Schweden treten der EU bei. Das Schengener Abkommen tritt im März in Kraft: Grenzenlos freie Fahrt in sieben der 15 EU-Staaten.

25. April 1995
Bundesweite Protestaktionen gegen die Castortransporte zum Atommüll-Lager in Gorleben.

7. Mai 1995
Jacques Chirac wird Nachfolger von François Mitterrand als französischer Staatspräsident.

10. Februar 1996
Erstmalig bezwingt ein Schachcomputer, Deep Blue, einen Schachweltmeister, den Russen Garry Kasparow.

30. Juni 1996
Deutschland wird durch ein Golden Goal durch Oliver Bierhoff zum dritten Mal Europameister.

5. Juli 1996
Das erste geklonte Säugetier der Welt, Schaf Dolly, wird geboren.

1. Mai 1997
Bei den Wahlen zum britischen Unterhaus gewinnt die Labour Party unter Tony Blair und löst damit nach 18 Jahren die konservative Partei ab.

21. Juni 1997
Beginn der documenta X. Leiterin der Weltausstellung für moderne Kunst in Kassel ist die Französin Catherine David.

4. Juli 1997
Die Sonde Pathfinder mit dem Geländewagen Sojourner landet auf dem Mars.

27. Juli 1997
Jan Ullrich gewinnt als erster Deutscher die Tour de France.

6. September 1997
Am Trauerzug für Prinzessin Diana nehmen in London über zwei Millionen Menschen teil. Sie verunglückt bei einem Verkehrsunfall in Paris zusammen mit ihrem Begleiter Dodi Fayed tödlich.

Kindergartengruppe – ein lustiger Haufen.

Reichweite, malten und bastelten, aßen und spielten und schlossen unsere ersten Freundschaften.

Trotz so manch holprigem Start in den Kindergartenalltag haben wir uns schnell daran gewöhnt. Im Sommer schaukelten und spielten wir auf den tollen Spielgeräten, im Herbst sammelten wir kistenweise Kastanien, im Winter fuhren wir Schlitten und bastelten, was das Zeug hielt, an unseren Kastanienmännchen und anderen Kunstwerken. Besonders aufregend war der alljährliche Lampionumzug am St. Martinstag, bei dem wir im Dunkeln durch die Straßen zogen und stolz unsere selbst gebastelten Laternen präsentierten.

4. bis 6. Lebensjahr

Zwischen Zähneputzen und Gruppenmahlzeit

„Guten Appetit, haut rein!" lautete unser Schlachtruf zum gemeinsamen Essen. Wir lernten die wichtigsten Benimmregeln, z. B. die Hände zu waschen, auf die anderen zu warten, uns nicht vorzudrängen, und wir gaben uns die größte Mühe, keinen Unfug während des Essens zu machen. Gesundes Essen war wichtig, somit gab es immer frisches Obst, damit der Zahnarzt vor lauter Schoki und Bonbons keinen Schock bekam.

Außerdem zeigte man uns im Kindergarten, wie man richtig die Zähne putzt. So standen wir in dem kleinen Bädchen vor dem Waschbe-cken und übten fleißig die rotieren-

Wir bringen das Kletter-gerüst zum Beben.

den und reinigenden Bewegungen mit der Zahnbürste, während die HelferIn-nen uns auf die Finger schauten und korrigierten, falls wir noch nicht den richtigen Bogen raus hatten oder nicht locker genug im Handgelenk waren. Die aufgehängten Plakate von Karius und Baktus als Comicfiguren, die die Zähne angriffen, machten uns bewusst, dass es wichtig war, nach all den süßen Verführungen wenigstens morgens und abends die Zähnchen zu putzen. So sollte uns der Weg zum Zahnarzt mit seinem angsteinflößenden Bohrer noch ein Weilchen erspart bleiben.

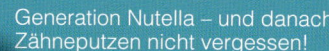

Generation Nutella – und danach Zähneputzen nicht vergessen!

Ganz schön voll im Sandkasten.

Mit Eimerchen und Schäufelchen

Im Sandkasten, ob zu Hause oder auf dem Spielplatz, fanden wir immer Beschäftigung. Wir bauten Burgen, probierten alle Förmchen aus und siebten den Sand durch. Während wir unsere Kunstwerke aus Sand zu Hause nur vor den

Und hinterher ging's in die Wanne.

Geschwistern verteidigen mussten, fiel die Sandburg auf dem Spielplatz schneller mal einem Angriff – gewollt oder ungewollt – zum Opfer. Das Tolle am Spielplatz war aber, dass wir dort unsere Sandkastenfreunde trafen. Ohne sie machte der Nachmittag auf dem Spielplatz nur halb so viel Spaß. Gemeinsam schaukelten wir, gruben Löcher in die Erde und fanden Regenwürmer. Streitigkeiten um Spielzeuge wurden meist durch den Stärkeren beigelegt.

Manchmal trafen wir uns auch auf der Straße und malten mit bunter Kreide Schlangenlinien und Fantasiefiguren aufs Pflaster – bis wir bemerkten, dass der Regen die Kreide wieder wegspülte. Dann zauberten wir am nächsten Tag neue Kunstwerke auf den Asphalt.

4. bis 6. Lebensjahr

Bibi Blocksberg und Benjamin Blümchen

Ein lautes „Benjamin, du lieber Elefant ... Töröö!" kam aus unserem Kassetten-rekorder. Wir kannten mittlerweile fast jede Geschichte des sprechenden Elefanten aus dem Neustädter Zoo und seines kleinen Freundes Otto auswen-dig. Neben „Benjamin Blümchen" zählten auch Hörspiele von „Bibi Blocks-berg", der kleinen fliegenden Hexe, zu unserer Sammlung. Abends vor dem Einschlafen lauschten wir den spannenden Geschichten unserer Helden.

Bibi, die entweder mit ihrem Besen „Kartoffelbrei" in Neustadt durch die Lüfte sauste und den einen oder anderen Schurken verhexte oder mit ihrer Freundin Tina und den Pferden Amadeus und Sabrina auf dem Bauernhof so einige Abenteuer erlebte. In der gleichen Stadt lebte auch Benjamin, der mehrfach seinen Zoo rettete und gerne als Briefträger, Krankenpfleger oder Feuerwehrmann aushalf. Wir liebten diese Hörspiele und freuten uns immer über neue Kassetten, die wir gerne mit unseren Freunden austauschten.

Heiß begehrt bei uns Kindern waren aber auch Musikkassetten wie Rolf Zuckowskis Liederkalender, mit dem wir die „Jahresuhr" im Nu lernten und an Geburtstagen immer ein Ständchen auf Lager hatten: „Wie schön, dass du geboren bist, wir hätten dich sonst sehr vermisst!"

Proviant für die Hörspielstunde.

Mit der Familie auf Tour

Als wir noch kaum größer als ein Baguette waren, liebten wir bereits das Reisen mit der Familie, egal ob Frankreich, Italien oder Österreich – Hauptsa-che unterwegs. Jedes Mal stiegen wir aufgeregt und ausgestattet mit Lieb-lingskissen und Kuscheldecke in das voll beladene Auto und waren gespannt, wo uns die lange Autofahrt hinführen würde. Nach vielen „Sind wir schon da? Wie lange noooch??!"-Fragen am Ferienhaus, im Hotel oder auf dem Camping-platz angekommen, waren wir wieder putzmunter und gespannt darauf, was es

Ich bin schon größer als ein Baguette.

alles an dem fremden Ort zu erkunden gab. Am Strand hatten wir alle Freiheiten, wir planschten, fachsimpelten über den richtigen Bau von Sandburgen und lernten neue Freunde kennen. Für uns Kinder war die Kontaktaufnahme zu Gleichaltrigen kein Problem. Obwohl wir meist unterschiedliche Sprachen sprachen, verstanden wir uns auf Anhieb und verbrachten unsere Zeit gemeinsam beim Spielen.

Auch in den Bergen war es toll. Im dicken Schneeanzug fuhren wir auf dem Schlitten den Kinderhügel herunter. Später übten wir im Skikurs für „Minis" die Kunst des Skifahrens. Mit dem Tellerlift ging es den Hügel hinauf und bergab folgten wir, hintereinander aufgereiht, im Schneepflug der Spur unseres Skilehrers. Am meisten Spaß bereitete uns jedoch die Schussfahrt, die uns kleinen Rasern sichtlich wenig ausmachte, unsere Eltern aber in Angst und Schrecken versetzte. Solche Urlaube waren tolle Erlebnisse, die uns lange im Gedächtnis blieben.

Wir präsentieren die neuen Ski-Modelle.

Mit dem Fahrrad in die Freiheit

Wir sahen es überall, jeder konnte es, wir wollten es nun endlich auch lernen: das Fahrradfahren. Nach dem Bobbycar und dem Dreirad hatte uns der Ehrgeiz gepackt, und wir wollten aufs Rad steigen. Doch so leicht war das gar nicht mit dem Zweirad. Als Hilfe wurden zunächst Stützräder an unser Fahrrad geschraubt. Dank ihnen konnten wir lernen, unser Gleichgewicht zu halten, zu trampeln und natürlich zu lenken – alles gleichzeitig versteht sich. Mit unserem nun zum Vierrad umgebauten Gefährt sausten wir umher und hatten eine Menge Spaß. Wir versuchten es einhändig oder sogar freihändig, fuhren Kreise und klingelten, was das Zeug hielt. Doch als der beste Freund bald ohne Stützräder fahren konnte, wollten wir es auch schaffen.

Vor dem ersten Fahrversuch war die Angst noch ziemlich groß. Mit dem Helm fest auf dem Kopf konnte es endlich losgehen. Dank Papa im Rücken bekamen wir Sicherheit, da er den Sattel festhielt, hinterherlief und versuchte, das Gefährt gerade zu halten, während wir fleißig strampelten. Als es immer besser klappte und Papa langsam die Puste ausging, merkten wir fast gar nicht, dass wir unser erstes Stück bereits ohne seine Hilfe geschafft hatten. Geradeaus ging es schon recht gut, nur das Kurvenfahren galt als letzte große Hürde. Als wir dann endlich den richtigen Kniff rausbekommen hatten und umherdüsen konnten, bekam uns keiner mehr runter vom Sattel. Freiheit – wir kommen!

Endlich klappt's auch ohne Stützräder.

Prima Ballerina.

Von Ballerinas und Fußballprofis

Viel Zeit verbrachten wir mit unseren Hobbys, die uns meistens noch bis ins spätere Leben begleiteten. Für die Entwicklung unserer körperlichen und geistigen Fähigkeiten schickten uns unsere Eltern zum Schwimmunterricht, in die Ballettstunde, in die Musikschule, zum Fußballspielen oder zum Kinderturnen. Damals noch als Minis, warteten wir gespannt auf unsere ersten Auftritte, Spiele oder Wettkämpfe. Die Wochenenden und Nachmittage verbrachten wir auf dem Sportplatz, wo wir Freundschaften und manche Feindschaften pflegten, uns über unser erstes Tor oder den ersten Sieg freuten, aber auch die erste Niederlage einstecken mussten.

In der Musikschule ging es ruhiger zu. Mindestens einmal im Jahr gaben wir einem kleinen Publikum eine Kostprobe unseres Könnens am Klavier, auf der Flöte oder mit der Geige. Doch kurz davor machte uns das Lampenfieber schwer zu schaffen, das Herz pochte uns bis zum Hals und wir konnten es kaum erwarten, bis es endlich losging.

Klasse Fußballer.

21

Wir starten unsere Schulkarriere

Juhu! Der erste Schultag!

Nun war es endlich so weit! Viele von uns konnten den Tag der Einschulung kaum abwarten. Er markierte einen neuen Abschnitt in unserem Leben. Somit war unsere Aufregung und Vorfreude durchaus berechtigt, denn wir wussten ja nicht so genau, was uns wirklich erwarten würde. Voller Stolz liefen wir bepackt mit unseren noch überdimensional erscheinenden, bunt gemusterten Ranzen zur Schule, wo wir zum Glück das eine oder andere bekannte Gesicht aus dem Kindergarten wiedersahen, aber gleichzeitig viele neue Kinder kennenlernten.

Nach der offiziellen Begrüßung durch die Lehrkräfte und die Schulleitung wurden kleine Theaterstücke und Tänze von den älteren Jahrgängen vorgeführt.

Chronik

3. Juni 1998
Ein ICE entgleist aufgrund eines defekten Radreifens bei Eschede. 101 Menschen sterben, 88 werden schwer verletzt.

1. August 1998
Die Rechtschreibreform tritt in Kraft.

7. September 1998
Google wird gegründet.

27. September 1998
Gerhard Schröder wird bei den 14. Bundestagswahlen neuer deutscher Bundeskanzler in einer Koalition von SPD und Grünen und beendet damit die 16 Jahre andauernde „Ära Kohl".

11. August 1999
Eine totale Sonnenfinsternis ist über Deutschland zu beobachten.

3. September 1999
Die Quizsendung „Wer wird Millionär?" mit Günther Jauch startet auf RTL.

24. November 1999
Steffi Graf und Max Schmeling werden zu den deutschen Sportlern des Jahrhunderts gewählt.

10. Dezember 1999
Günter Grass erhält den Nobelpreis für Literatur.

1. Juni 2000
Die Weltausstellung EXPO 2000 wird in Hannover eröffnet.

2. November 2000
Die Weltraumstation ISS wird erstmals von Astronauten bezogen und dauerhaft in Betrieb genommen.

28. April 2001
Dennis Tito absolviert als erster Weltraumtourist einen Raumflug zur ISS.

11. September 2001
Bei Terroranschlägen in New York und Washington sterben über 3000 Menschen.

22. Dezember 2001
Der Deutsche Bundestag stimmt der Entsendung deutscher Streitkräfte zu. Die Mission in Afghanistan ist der erste außereuropäische Kampfeinsatz der Bundeswehr.

Diese Einführung sollte uns vielleicht entspannen, aber in Wirklichkeit saßen wir auf heißen Kohlen. Wer wohl unsere Lehrkraft werden würde und ob sie nett war?

Mit einem kleinen Willkommensgeschenk ausgerüstet, gingen wir mit unseren Eltern auf den Schulhof. Nach dem ganzen Trubel konnten wir nun endlich mit den anderen Kindern auf dem Pausenhof spielen und waren voller Vorfreude, bald das riesig wirkende Schulgebäude mit den vielen Gängen und das eigene Klassenzimmer erkunden zu können.

Wieder zu Hause angekommen, machten wir uns über den Inhalt unserer bunt beklebten Schultüten her, die wir von den Eltern, Großeltern oder Paten mit auf den Weg bekommen hatten. Darin fanden wir allerlei schöne Dinge wie Buntstifte, den ersten Füller, Hefte, kleine Spielzeuge, Sammelkarten, glitzernde Aufkleber, Süßigkeiten und vieles mehr.

Der Schulalltag beginnt

Die Schule entpuppte sich für die meisten von uns als toll. Wir spielten Spiele, bastelten und lernten ganz nebenbei unsere ersten Buchstaben. Es war alles halb so schlimm. Wir freuten uns über unsere neuen Schulbücher und wurden endlich in die Geheimnisse des Lesens, Schreibens und Rechnens eingeweiht. Die LehrerInnen waren genauso nett wie die KindergärtnerInnen, so störte es anfangs auch nicht, wenn man fragte: „Frau Schmidt, kannst du mir mal bitte helfen?" Es dauerte eben ein wenig, bis man den richtigen Kniff mit dem Duzen und Siezen raushatte. Das Lesen übten wir mithilfe unserer Lesefibeln, durch die uns meist lustige Figuren führten. Das Schreiben lernten wir 92er von Anfang an nach der neuen Rechtschreibung – ein Vorteil für uns.

Das Beste an der Schule waren aber trotz aller Lernbegeisterung die großen Pausen. Es bildeten sich Jungen- und Mädchenbanden, wir versteckten uns im Klo oder unter der Rutsche, um wichtige Aktionen mit unseren Freunden zu besprechen. Manch einer spielte auch gerne mit seinen Paten, die ihm zuge-teilt wurden, um uns Erstklässlern bei der Eingewöhnung mit Rat und Tat zur Seite zu stehen. Außerdem verwandelte sich der Schulhof täglich in eine regelrechte Tauschbörse! Hier gab es einfach alles, von Stickerheften mit bunten und glitzernden Tiermotiven über Diddlmaus-Blätter oder Pokémon-Karten. Es wurde getauscht, gehandelt und manchmal wurden auch dicke Tränen vergossen, wenn man nicht das erwünschte Unikat in seiner Sammlung hatte.

Doch auf dem Heimweg von der Schule machten wir mit dem Brustbeutel um den Hals so manches Mal Halt am Kiosk und leisteten uns von unserem recht knappen Taschengeld Micky-Maus-Hefte, die Wendy oder die neuesten Diddl-Artikel

Wir lernen schreiben.

Frühe Werke.

24

Unser erster Schultag.

und Pokémon-Karten. Oder wir kauften uns Hubba-Bubba-Kaugummis und versuchten davon so viele wie möglich in den Mund zu stecken. Fast jedes Mädchen trug eine Tattoo-Halskette, eine sehr eng am Hals anliegende Kette aus Plastik. Während die modischen Accessoires sich bei den Jungs auf bunte Uhren beschränkten, begeisterte sich das weibliche Geschlecht für Power-Armbänder. Wir glaubten fest an die Kraft der Steine und ihre Wirkungen und sie sahen natürlich klasse aus.

Der Euro

Am 1. Januar 1999 wurde der Euro – umgangssprachlich auch „Teuro" (Wort des Jahres 2002) – zunächst als Buchgeld, drei Jahre später, am 1. Januar 2002, als Bargeld eingeführt. Damit löste der Euro die nationalen Währungen als Zahlungsmittel ab und diente als gemeinsame offizielle Währung der EU-Mitgliedstaaten. Er ist seitdem die wichtigste Währung der Welt neben dem US-Dollar. Die Euromünzen werden von jedem der Staaten des Eurosystems mit landesspezifischer Rückseite geprägt. Auf den deutschen Münzen blickt uns der Bundesadler an.

Kurz vor Weihnachten 2001 wurden die Euro-Starterkits zum Preis von 20 DM ausgegeben. Den meisten Deutschen fiel der Abschied von der D-Mark schwer.

Das Euro-Starterkit.

Viele hatten Angst, dass der Euro als Währung nicht stabil sein könnte. Wir 92er hatten mit der Umstellung keine Probleme. Im Gegenteil: Wohin wir auch fuhren – der Euro ermöglichte uns reibungslosen Zahlungsverkehr und Preisvergleiche fast überall in Europa.

7. bis 10. Lebensjahr

Ich will Spaß, ich will Spaß

Egal ob auf dem Land oder in der Stadt, die freien Nachmittage verbrachten wir am liebsten gemeinsam mit unseren Freunden. Denn trotz unseres straffen Zeitplans durch Schule, Hausaufgaben und Hobbys durften

Mut zur Lücke!

die gemeinsamen Nachmittage natürlich nicht zu kurz kommen. Bei schönem Wetter wurde im Garten, Wald, Park oder auf dem Spielplatz gespielt. Hier war immer etwas los und dank unserer Kreativität fanden wir bei unseren mehrstündigen Erkundungstouren immer neue Verstecke, Höhlen oder einen Baum zum Klettern. Verletzungen oder kleinere Wehwehchen vom Raufen und Spielen im Freien waren für uns tapfere „Zahnlücken-Tiger" kein Problem.

Gerne spielten wir auch mit Haustieren, egal ob es der eigene Hund, ein Hase oder das Pony von den Freunden war.

Drinnen war es oft genauso lustig. Entweder tobten wir uns im vollgestopften Kinderzimmer aus oder wir durchwühlten Mamas Kleiderschrank. Hier konnte man die tollsten Verkleidungsstücke finden, wie einen alten Fellmantel, Pumps, Gürtel und Schmuck. Oft bauten wir auch stundenlang die neuesten Lego-Figuren zusammen, spielten mit Playmobil oder

Die Tür im Baumhaus steht für jeden offen.

Wir schlüpfen in
immer neue Rollen.

Duplo. Was für die Jungs ihre Autos oder Eisenbahnen waren, waren für die Mädchen Barbies inklusive Mann, Kind, Auto, Haus, Schiff und unzähligem anderen Zubehör oder die Baby Born, eine Baby-Puppe mit klimpernden blauen Augen, bei der wir elterliche Gefühle entwickelten. Letztere kamen auch auf, wenn wir uns um das Überleben unserer Tamagotchis kümmerten. Dieses virtuelle Haustier hatte Bedürfnisse wie schlafen, essen, trinken und Zuneigung. Manch einer nahm diese Aufgabe so ernst, dass selbst die Eltern manchmal zum Füttern einspringen mussten, während wir in der Schule waren.

Feste feiern

Höhepunkte eines Schuljahres in der Grundschule waren die Feste. Schon im Vorfeld wurde in der Klasse wochenlang geplant und geprobt, der Klassenraum passend zum Thema geschmückt und die Verkleidungen zusammengesucht. Von indischen Tänzen, über Karneval bis zum Krippenspiel war alles vertreten. Wir stellten mithilfe der engagierten LehrerInnen ein kleines Programm zusammen, das den stolzen Eltern vorgeführt werden sollte.

Mit der Klasse auf den Bauernhof.

In der Faschingszeit verwandelten wir uns in einen bunten umherwuselnden Haufen. Es gab kein Kostümfest ohne eine Polonaise aus brüllenden Löwen, Cowboys mit Knarre und Tüll-Prinzessinnen, die sich durch die Schule schlängelte.

Auch Wandertage und Ausflüge gehörten zu den Highlights des Schuljahres. Die bunten Rücksäcke aufgeschnallt, wanderten wir meistens in die nähere Umgebung, wo wir die Natur erkundeten, an Bächen spielten und auf Bäume kletterten. Beliebt waren auch Touren zu Bauernhöfen in der Umgebung, denn dort näherte man sich den Schweinen, Kühen und Schafen hautnah. Eine Fahrt auf dem Anhänger eines Schleppers mit kleinem Picknick aus der Tupperdose rundete das Erlebnis ab und so sammelten wir immer wieder neue Eindrücke.

Auch wir brauchen mal ein Päuschen.

Auch unsere kulturelle Bildung durfte nicht zu kurz kommen. So fuhren wir mit dem Bus ins Museum oder besuchten eine Theateraufführung. Von den eindrucksvollen Kulissen bezaubert, fragten wir uns dann, ob der Peter Pan dort oben auf der Bühne wirklich fliegen konnte oder ob die wilde Ronja Räubertochter in echt auch so eine Mähne hatte. Und beim Sams, dem kindähnlichen Wesen mit der Rüsselnase und den blauen Wunschpunkten im Gesicht, sehnte sich jeder insgeheim danach, auch einen Wunsch frei zu haben.

Wir lieben Fasching!

Geburtstag!

Das Fest der Feste war für uns der eigene Geburtstag. Aber auch über die Einladungen zur Geburtstagsfeier unserer Freunde freuten wir uns riesig. Nicht selten überbrachten sie uns diese in Form einer Diddl- oder Pokémon-Einladungskarte. Unsere Eltern besorgten dann ein kleines Geschenk für das Geburtstagskind und damit zogen wir fröhlich und aufgeregt zur Feier.

Wir zelebrierten das Auspacken der Geschenke und aßen reichlich Geburtstagskuchen und Süßigkeiten. Das eine Mal wurde Topfschlagen gespielt oder wir wickelten uns um die Wette mit Toilettenpapier ein. Beim nächsten Mal wurden T-Shirts bemalt oder eine Schatzsuche veranstaltet. Beliebt waren auch Window-Color-Bilder, deren Motive man entweder freihändig oder mit der Schablone abmalen konnte. Wenn sie endlich trocken waren, konnte man sie stolz an die Zimmerfenster kleben. Als wir etwas älter wurden, gingen wir zum Kegeln oder ins Schwimmbad. Bei den Sommergeburtstagskindern fanden die Spiele im Garten statt. Die Wintergeburtstagskinder hatten Glück, wenn es

Wer zuerst unten ist, hat gewonnen!

Junge KünstlerInnen mit Köpfchen.

Wir erwecken selbst Mumien zum Leben.

geschneit hatte und sie mit den Freunden den neuen Schlitten direkt auspro-
bieren konnten. Dann marschierten alle voll ausgerüstet mit den berüchtigten
Poporutschern, Plastiktüten und Schlitten zum nächsten Hügel. Die einen
hielten große Stücke auf ihren alten Holzschlitten, während die anderen auf
ihren neuen Plastikschlitten mit Lenkrad und Bremse schworen.

   Am Ende der Geburtstagsfeier gab es oft ein kleines Abschiedspräsent. Das
konnten kleine Spielzeuge oder allerlei Süßigkeiten sein. Und so zogen wir
erschöpft, aber glücklich von dannen und freuten uns schon auf die nächste
Feier, am allermeisten aber natürlich auf die eigene!

Der Nintendo Advance
war der neueste Schrei.

Gemeinsam ist man
weniger allein

Ohne unsere Freunde war das Leben nur halb so schön und abwechslungs-
reich. An den Wochenenden veranstalteten wir kleine Pyjamapartys, spielten
Brettspiele, kramten Lego, Playmobil oder Barbie hervor oder ärgerten
gemeinsam die Geschwister. Trotz mancher Streitereien rauften wir uns
immer wieder zusammen und planten schon das nächste Wochenende.
Inliner- und Fahrradtouren, Schwimmbadbesuche oder Zelten im Garten
standen häufig auf dem Programm.

   Unsere neuesten Errungenschaften wie den Gameboy, ein kniffeliges Com-
puterspiel von TKKG, die Playstation oder den Nintendo präsentierten wir dann
voller Stolz und verbrachten mehrere Stunden beim gemeinsamen Spielen.
Auch in Gesellschaftsspielen übten wir uns. So saßen wir oft mehrere Stunden
auf dem Boden und spielten Karten. Bei schnellen Kartenspielen wie „Halli
Galli" und „Ligretto" war vor allem eiserne Konzentration und eine gute Hand-
Augen-Koordination gefragt. Im Sport konnten wir uns beim Kicken auf der
Straße, beim Federball im Garten, bei Electronic Dart in der Garage oder beim
Tischtennis auf dem Spielplatz mit unseren Kumpels messen.

Maus, Pusteblume und Tigerente

Wie liebten wir die Sonntagvormittage! Nicht nur, dass wir stundenlang im Pyjama spielten und alle Zeit der Welt hatten. Um 11.30 Uhr saßen wir oft vergnügt mit der ganzen Familie vor dem Fernseher, denn in der ARD lief die „Sendung mit der Maus". Der trötende Elefant, die orangefarbene Maus und die Ente liefen über den Bildschirm. Käpt'n Blaubär erzählte eine seiner unglaublichen Geschichten. Dank dieser Wissenssendung lernten wir Grundschüler komplexe Vorgänge oder Themen kennen und gleichzeitig wurden viele unserer Fragen durch die Lach- und Sachgeschichten erklärt, wie z. B.: Was ist Strom? Warum ist der Himmel blau? Warum ist die Banane krumm? Wie kommt das Blei in den Bleistift?

Etwas später lauschten wir der Titelmelodie von „Löwenzahn" mit Peter Lustig, dem Mann, der mit blauer Latzhose und Nickelbrille in seinem Bauwagen alltäglichen Problemen und Dingen auf den Grund ging. Uns wurde Wissen über Tiere, Technik und andere Kulturen vermittelt. Ob im Streit mit seinem Nachbarn Herrn Paschulke, der das Gegenteil vom ökologischen Peter Lustig war, oder auf Safari: Wir liebten diese Sendung und waren jedes Mal traurig, wenn es wieder hieß: „Jetzt kommt ja eh nichts mehr, also abschalten."

Dank Walt Disney gab es den „Disney Club", der ab 1996 auf RTL im Vormittagsprogramm ausgestrahlt wurde. Zu den bekanntesten Serien gehörten zum Beispiel „Duck-Tales", „Darkwing Duck", „Chip und Chap", „Käpt'n Balu und seine tollkühne Crew", „Arielle, die Meerjungfrau" oder „Die Gummibärenbande". Wir waren so begeistert von den US-amerikanischen Produktionen, dass wir auch deren Filme auf Video haben wollten. Wer kennt sie nicht, die Klassiker „Bambi", „Aladdin", „Cinderella", „Die Schöne und das Biest", „Pocahontas" oder „König der Löwen". Sie verzauberten uns Kinder und manchmal auch unsere Eltern.

Nach einer kurzen Nacht im Zelt.

Gerne sahen wir uns auch Spielshows an, bei denen Kinder ihr Wissen unter Beweis stellen mussten. Zum Beispiel „1, 2 oder 3", bei der sich die jungen KandidatInnen für eine aus drei Antworten zu einer Frage entscheiden mussten. Dann hüpften sie zwischen drei Feldern hin und her, bis es hieß: „1, 2 oder 3 – letzte Chance – vorbei! Ob ihr wirklich richtig steht, seht ihr wenn das Licht angeht!". Die Spannung stieg und die Lösung wurde durch ein Feuerwerk am Antwortfeld verraten. In der Show „Tigerenten Club" ging es immer heiß her, wenn das Frösche-Team gegen das Tigerenten-Team antrat und versuchte, in den unterschiedlichen Spielblöcken Punkte zu sammeln. Ganz nach dem Motto „mitraten, mitfiebern und mitjubeln", saßen wir vor dem Fernseher und feuerten vom Sofa aus unsere Favoriten an. Genauso begeistert waren wir vom „Tabaluga tivi", der Show mit dem kleinen grünen Drachen und dem bösen Schneemann Arktos.

Neben den Wissenssendungen und Spielshows schauten wir auch gerne die „Pfefferkörner", die Gruppe der fünf Jugendlichen, die Kriminalfälle löste,

oder „Schloss Einstein". Diese Seifenoper interessierte uns Heranwachsende, da sie von aktuellen Themen handelte, wie zum Beispiel dem Leben in der Internatsschule, den Problemen mit Eltern und FreundInnen und der ersten Liebe ...

Unsere Lieblingsmoderatoren aus dem Tigerentenclub.

Bücher und Musik

Allmählich erschloss sich uns eine neue Welt: die Musikwelt. Durch das Radio kristallisierten sich die ersten Lieblingssongs, -sängerInnen oder -bands heraus und so langsam entwickelte sich unser Musikgeschmack. Wirklich Ahnung hatten wir noch nicht, aber wir konnten zumindest einige Songs

Wir sind im Lesefieber.

mitträllern, selbst wenn wir nicht mal die Texte verstanden, weil wir die englische Sprache nicht beherrschten. Unsere erste CD war etwas Besonderes, vor allem, da wir die Kassetten der Fünf Freunde oder von TKKG schon auswendig mitsprechen konnten. Angefangen hat es mit den Schlümpfen, vorher bekannt aus dem Fernsehen. Sie machten Musik und versahen aktuelle Lieder mit kindertauglichen Texten. Außerdem begeisterten vor allem wir Mädchen uns für „Blümchen" und wollten jede Bravo-Hits-CD kaufen. Bald schon bejubelten wir die No Angels, die Spice Girls, Robbie Williams oder Sarah Connor. Auch aus den USA kamen unsere Idole: Eminem, Britney Spears und Christina Aguilera.

Die Leseratten unter uns verfielen bald dem Harry-Potter-Wahn. Als dann der erste Teil dieser populären Fantasy-Romanreihe von Joanne K. Rowling 2001 in die deutschen Kinos kam, gab es für die Fans kein Halten mehr. Eine regelrechte „Potter-Manie" entwickelte sich. Harry Potter schaffte es nicht nur auf die Leinwand, sondern wurde von Lego-Figuren bis Computerspielen in allem vermarktet, was Kinderherzen höher schlagen ließ.

Beliebter Lesestoff bei den Mädels waren „Die Wilden Hühner" von Cornelia Funke. Die Geschichten drehen sich um die Abenteuer einer Mädchenbande mit eigener Geheimschrift, eigenem Bandenzeichen und eigenem Bandenquartier mit Hühnerstall, die sich gegen die Jungenbande „Pygmäen" zur Wehr setzt. Für viele waren sie der Inbegriff einer coolen Mädchenbande, von der wir damals träumten. Für die Jungs war auch gesorgt, denn schließlich gab es ja noch „Die Gespensterjäger" von Cornelia Funke und später „Die Wilden Kerle". Kinderkrimis wie TKKG, Fünf Freunde und Drei ??? verschlangen wir alle, ob Jungen oder Mädels.

Eine neue Ära der Musikwiedergabe

Als Nachfolger von Walkman und Discman brachte Apple 2001 mit dem iPod den ersten digitalen Audioplayer, besser bekannt als MP3-Player auf den Markt. Der Verkaufspreis lag in Deutschland bei 530 Euro. Dieses Gerät revolutionierte die Möglichkeiten des Musikhörens durch seine damalige, noch enorme Speicherkapazität von fünf Gigabyte. Fast jährlich wurden neue, leistungsfähigere Generationen auf den Markt gebracht. Die Weiterentwicklung des iPod, der iPod Touch (ab 2007) hatte WLan und spielte nicht nur Musik, sondern auch Videos, TV- und Radiosendungen ab, die sich als Podcasts im Internet herunterladen ließen. Die leichte Handhabung und ansprechenden Designs trugen zur Beliebtheit des Gerätes bei. Er wurde mit seinen charakteristischen weißen Kopfhörern zum Statussymbol.

Poesiealben und Freundebücher

„Hast du Sorgen oder Kummer, wähle einfach diese Nummer …". Ehrlich gesagt, wirklich kreativ waren unsere damaligen Sprüche für Poesiealben nicht. Zwar sahen die hübsch verzierten Poesiealben toll aus, aber viel wussten wir nicht damit

Freundebücher gab es von allen unseren Lieblingen, ob Diddl oder Bibi …

anzufangen. Da man ja nicht doof dastehen und sich mit seiner Seite blamieren wollte, blieb oft nur das Abschreiben von geläufigen Versen aus anderen Sprüchebüchern oder man vertraute sich der älteren, lyrisch erfahreneren Generation an, die sich dann ein bis zwei schön klingende Verse einfallen lassen musste. Doch wir 92er wollten nicht nur weiße Seiten füllen, sondern brauchten Anregungen oder wenigstens eine grobe Struktur! Kein Wunder, dass die bunten Freundschaftsalben, meist von Diddl, vor allem bei Mädchen total im Trend waren. Diese Bücher waren wahrscheinlich das meistgelesene Buch in der Grundschulzeit, denn sie wurden umhergereicht vom einen zum anderen. Wer aufmerksam las, wusste natürlich, was Jule aus der 2a am liebsten aß oder wo Luki aus der 3b eigentlich herkam. Die bunten Steckbriefe waren exakt auf unser Alter zugeschnitten und lieferten uns somit interessante Vorlagen zum Ausfüllen. Wichtig waren auch der Platz für das eigene Foto und die freien Lücken, in denen wir unserer Kreativität freien Lauf lassen konnten. Angefangen mit den üblichen Daten wie Name, Spitzname, Geburtstag, Wohnort und Telefonnummer konnte man sowohl sein Lieblingstier und seine Lieblingssänger als auch sein Hassfach hineinschreiben. Am Ende der Seite durfte man an den Buchbesitzer ein nettes Wort richten, wie z. B. „Bleib so wie du bist" oder „Ich wünsche dir viel Glück und viele Freunde". Die Kreativen unter uns klebten zum Abschluss noch ein paar Sticker auf ihre Seite oder malten ein kleines Bild.

Nicht nur Gleichaltrige, auch Verwandte, Geschwister und Lehrer durften sich in dem Büchlein verewigen, denn eigentlich zählte nur eins: Das Buch musste voll werden! Der Besitzer eines ausgefüllten Freundschaftsbuches galt als wirklich beliebt und hatte allem Anschein nach viele Freunde, zumindest so viele, wie es die begrenzte Seitenanzahl hergab.

Millennium

Jeder sprach von der Jahrtausendwende als besonderem Ereignis und wir fragten, ob und was sich wohl ändern würde. „Millennium" wurde das Wort des Jahres 1999, und viele Menschen trieben ihre Hoffnungen, Ängste und Weltuntergangsbefürchtungen im Hinblick auf den Jahrtausendwechsel um. Letztendlich war die Nacht vom 31.12.1999 zum 1.1.2000 eine besondere Silvesternacht, die auf der ganzen Welt mit zahlreichen eindrucksvollen Veranstaltungen gefeiert wurde. Wir Kinder freuten uns einfach auf die vielen Feuerwerkskörper und zelebrierten den Brauch des Bleigießens. Mit viel Kreativität versuchten wir die Form des gegossenen Bleis zu deuten und schlugen dann im Beilageheftchen unsere vorausgesagte Zukunft für das neue Jahr nach. Im Fernsehen stolperte der Butler James aus dem Sketch „Dinner for One" zum elften Mal über den Kopf des Tigerfells, während er Miss Sophie bediente. Doch da lagen die meisten von uns schon in ihren tiefsten Träumen. Und trotzdem, es war wie immer – „The same procedure as every year".

Der erste Führerschein

Die Radfahrausbildung im 3. oder 4. Schuljahr war ein wichtiger Bestandteil unserer Verkehrserziehung. Sie galt als eines unserer Lieblingsfächer, denn immer, wenn der große Lkw der Verkehrswacht auf den Schulhof fuhr, war es wieder so weit: Wir durften auf die Räder. Die praktische Verkehrserziehung wurde meist von PolizeibeamtInnen geleitet, während uns das theoretische Wissen von unseren LehrerInnen vermittelt wurde. Wie so oft machte der praktische Teil am meisten Spaß, da wir zunächst auf den „Straßen", die auf den Schulhof gezeichnet wurden, die wichtigsten Verkehrsregelungen erproben konnten. Nachdem wir die Schilder und ihre Bedeutung gelernt hatten und es keine Zusammenstöße mehr gab, ließ man uns außerhalb des Schulgeländes im richtigen Straßenverkehr fahren. Als unsere theoretische Prüfung vor der Tür stand, waren die Bögen zum Ankreuzen im Nu ausgefüllt. Auch die praktische Prüfung, die bei Wind und Wetter stattfand, war halb so schlimm. Und als wir alles bestanden hatten, waren wir stolz, unseren Fahrradführer-

schein in den Händen zu halten. Außerdem gab es Sticker fürs Fahrrad und so manch einer bekam sogar einen Wimpel. Nun waren auch wir offiziell fahrtüchtig!

Der Polizist passt auf, ob wir alles richtig machen.

Abschiednehmen

Die Grundschulzeit verging wie im Fluge und schon bald mussten wir uns von unserer ersten Schule trennen, um den weiteren schulischen Weg zu beschreiten. Für uns Viertklässler war das wieder einmal sehr aufregend.

So besuchten und besichtigten wir mit unseren Eltern die umliegenden Schulen, um entscheiden zu können, welche uns gefiel. Je nachdem, wie unsere Zeugnisse ausfielen, hatten wir die Wahl zwischen einem Gymnasium, einer Gesamtschule, einer Real- oder Hauptschule. Für uns zählte jedoch vor allem die Frage, ob wir von unseren Freunden getrennt würden und wie wir ohne sie zurechtkommen sollten.

Bewegt von den verschiedensten Gefühlen, vom Stress der Schulbewerbung und der Angst vor dem kommenden Abschied verliefen die letzten Schulwochen vor den Sommerferien wie im Flug. Beim Abschiedsfest saßen wir mit einem weinenden und einem lächelnden Auge beisammen. Erst danach wurde uns wirklich bewusst: Ein neuer Schulbeginn stand vor der Tür!

Abschied von der Grundschule.
In welche Richtung wird es nun gehen?

9/11

Am 11. September 2001 entführten islamistische Terroristen in den USA vier Flugzeuge. Zwei davon steuerten sie direkt in die Türme des World Trade Centers in New York City, eines in das Pentagon bei Washington. Das vierte Flugzeug stürzte nach Kämpfen zwischen Entführern, Besatzung und Fluggästen in Pennsylvania ab. Bei den Anschlägen starben mindestens 3015 Personen, darunter die 19 Attentäter. In New York mussten über 15 000 Menschen vor dem Einsturz der Hochhäuser evakuiert werden.

Diese Tat der islamistischen Terrororganisation al-Qaida unter ihrem Führer Osama bin Laden sollte weltweite Folgen nach sich ziehen. Der Kampf der radikalen Moslems hatte eine neue Dimension erreicht und war damit unwiderruflich in der westlichen Welt angekommen. Infolge der Anschläge begann Präsident George W. Bush Anfang Oktober 2001 den Krieg in Afghanistan. Ziel war es, al-Qaida zu bekämpfen und das seit Mitte der 90er-Jahre herrschende islamisch-fundamentalistische Taliban-Regime zu stürzen.

Knapp drei Jahre nach den Anschlägen vom 11. September wurde am 4. Juli 2004 auf Ground Zero in New York der Grundstein für das 541 Meter hohe One World Trade Center gelegt, das 2014 fertiggestellt wurde.

Zwischen Gefühlschaos und Castingfieber

Die kleinen Großen

Der Wechsel in die weiterführende Schule war ein neuer Abschnitt in unserem Leben. Eben noch stolze Viertklässler und die Großen in der Grundschule, gehörten wir nun wieder zu den Kleinsten. Nach der Einteilung in die Klassen und der Vorstellung der neuen Klassenleitung suchten wir uns mit noch mulmigem Gefühl im Bauch einen Platz zwischen all den neuen Gesichtern. Wer Glück hatte, kam zusammen mit Freund oder Freundin in eine Klasse, dann war man wenigstens nicht ganz so allein und hatte jemanden, an den man sich klammern konnte. Auch auf dem Schulhof erkannte man uns sofort, so als stünde es uns auf die Stirn geschrieben: Wir sind die neuen Kleinen. Doch es dauerte nicht lange, bis wir uns an die neue Umgebung, die vielen neuen Fächer und LehrerInnen gewöhnt und neue Freunde gefunden hatten. Und bald schon stand ja auch unsere erste Klassenfahrt an.

Keine Klassenfahrt ohne Wanderung.

Chronik

28. Januar 2002
Die schwedische Kinderbuchautorin Astrid Lindgren stirbt im Alter von 95 Jahren.

22. September 2002
Bei der Bundestagswahl können SPD und Grüne ihre Regierungsmehrheit knapp behaupten. Gerhard Schröder bleibt Kanzler.

30. Juni 2002
Bei der Fußball-WM in Japan und Südkorea gewinnt Brasilien das Endspiel gegen Deutschland mit 2:0 Toren und wird zum fünften Mal Weltmeister.

1. Februar 2003
Das US-amerikanische Space-Shuttle Columbia explodiert kurz vor der Landung, alle sieben Astronauten an Bord sterben.

28. Mai 2003
Zwei berühmte Tiere sind fortan nicht mehr zu bewundern: Dolly, das erste geklonte Schaf, und Walross Antje, das Maskottchen des NDR. Dafür kommt Prometea, das erste geklonte Pferd zur Welt.

29. März 2004
In Irland tritt das weltweit erste von einem Staat erlassene Rauchverbot in Kraft. Es gilt an allen Arbeitsplätzen und auch in Pubs und Restaurants.

23. Mai 2004
Horst Köhler wird zum deutschen Bundespräsidenten gewählt.

2. November 2004
George W. Bush wird in den USA erneut für vier Jahre zum Präsidenten gewählt.

18. September 2005
Bei den vorgezogenen Wahlen zum Deutschen Bundestag wird Dr. Angela Merkel (CDU) zur ersten Bundeskanzlerin in der Geschichte Deutschlands gewählt. Sie regiert mit einer großen Koalition aus CDU/CSU und SPD.

14. November 2005
Wegen der Unruhen und Ausschreitungen von Jugendlichen in den Vorstädten von Paris ruft Präsident Chirac den Notstand aus.

Schüler on Tour

Fünf Tage mit seiner Klasse unterwegs zu sein, das war fast so schön wie Ferien. Nach den vielen Hausaufgaben und Arbeiten stand etwas wirklich Positives auf dem Stundenplan: die lang ersehnte Klassenfahrt. Nun konnte der Spaß beginnen. Selbst bei langen Bus- bzw. Zugfahrten wurde uns nie langweilig. Wir schnuddelten vergnügt, reichten unsere Schnucke-Vorräte herum, hörten Musik mit dem MP3-Player und liefen wie wild durch die Sitzreihen. Zwar hatten wir schon im Voraus Pläne geschmiedet, wer mit wem ein Mehrbettzimmer teilen würde, aber als dann die endgültige Zimmereinteilung von der Lehrkraft gemacht wurde, brach das Chaos aus. Als sich letztendlich die passenden Wunschkonstellationen ermöglichen ließen und die LehrerInnen vor einem Nervenzusammenbruch standen, hatte sich der Tumult langsam wieder gelegt. Die heitere Fahrt konnte weitergehen. In der

Jugendherberge angekommen, bezogen wir sofort unsere Stockbetten. Da Mädchen und Jungen getrennt schliefen, was der ein oder die andere wirklich bedauerte, schlich man unter Nervenkitzel während der Nachtruhe von einem Zimmer zum anderen, immer darauf bedacht, nicht von der Aufsicht erwischt zu werden.

Am nächsten Morgen ging es los: Im Winter fuhren wir Ski- und Snowboard oder Schlitten. Im Sommer standen Aktivitäten wie Schwimmen, Fahrradfahren oder Zelten auf dem Programm. Wir erklommen so manch hohen Berggipfel, beim Tretboot- oder Kanufahren wurden wir auch mal nass oder verloren die Orientierung, aber gemeinsam hatten wir die verzwickte Lage wieder schnell im Griff. Neben dem festen Rahmenprogramm hatten wir auch immer noch genügend Zeit, um gemeinsam Fußball oder Volleyball zu spielen oder einfach gemütlich in der Sonne zu sitzen. Oft konnten wir in Kleingruppen das Dorf erkunden und unsere Essensvorräte auffüllen, besonders wenn der Essensplan der Herbergsküche nicht ganz nach unserem Geschmack war.

Es gab Spieleabende, an denen wir uns beim Twisterspielen ineinander verhäkelten oder bei Tabu und Pantomime gegeneinander antraten, und natürlich den unumgänglichen Discoabend, bei dem sich die ersten Pärchen bildeten. Die entspannte Atmosphäre zeigte, dass man auch mit den Lehrkräften Spaß haben konnte und dass unsere Klassengemeinschaft in den paar Tagen gestärkt wurde.

Amoklauf von Erfurt

Am 26. April 2002 tickerte eine schreckliche Meldung über die Nachrichtenkanäle: Ein Amoklauf am Erfurter Gutenberg-Gymnasium forderte 16 Menschenleben. Der 19-jährige Täter Robert Steinhäuser richtete anschließend sich selbst. Wir dachten, dass es so etwas nur in Amerika gäbe, aber jetzt hatte uns die Wirklichkeit eingeholt. Der Amoklauf in Erfurt war das erste Schulmassaker dieser Art in Deutschland.

In der Öffentlichkeit wurde in der Folge das Thema Jugend und Gewalt heftig diskutiert. In die Kritik gerieten dabei insbesondere die sogenannten Ego-Shooter-Computerspiele. Ein neues Jugendschutzgesetz wurde wenige Wochen später erlassen, in dem u. a. die Regelungen für Gewalt verherrlichende Computerspiele verschärft wurden.

Quatschköpfe im Zeltlager.

Lagerleben

Ferienlager boten uns die Möglichkeit, das erste Mal ohne die Eltern Urlaub zu machen – was für ein ungekanntes Gefühl der Freiheit! Gemeinsam mit unseren Freunden wurde geplant, wohin es gehen sollte. Ob die Skifreizeit im Winter oder das Zeltlager im Sommer, das Angebot von Sportvereinen, Pfadfindern, Kirchengemeinden etc. bot uns eine große Auswahl.

Morgenstimmung im Zelt.

Mit Freunden auf der Piste.

Im Ferienlager lernten wir viele neue Freunde kennen und hatten eine Menge Spaß. Zwar hatten unsere BetreuerInnen immer ein waches Auge auf uns und es gab Regeln, an die es sich zu halten galt, aber die Hauptsache war, ohne die Eltern zu reisen und auf sich allein gestellt zu sein. So schliefen wir in Matratzenlagern, veranstalteten Wasserschlachten und Fußballturniere oder gingen an den Strand. Nachmittags schlenderten wir gemeinsam über die Promenade und gönnten uns die eine oder andere Köstlichkeit. Unsere BetreuerInnen gaben sich stets größte Mühe und waren sich für nichts zu schade, um uns bei Laune zu halten. Mit Ausflugsfahrten in den nahe gelegenen Vergnügungspark, Nachtwanderungen und Lagerfeuerromantik wurden all unsere Erwartungen erfüllt. Im Essenszelt des Lagers herrschte meistens gute Stimmung, besonders wenn man nicht selbst Küchendienst hatte und somit die Schweinerei der anderen nicht beseitigen musste. Abends machte man sich in den Gruppenbädern fertig für die hauseigene Disco, tanzte und flirtete mit den Jungs und Mädels aus dem Nachbarzelt. In den Zelten sah es schnell sehr wüst aus, denn Schränke gab es nicht. Trotzdem schliefen wir selig in unseren Schlafsäcken zwischen Koffern, Schuhen und Handtüchern. Vor dem Einschlafen wurden Geschichten erzählt und der Schlafplatz kontrolliert, denn gerne verirrte sich so manches Krabbeltier in die Chipstüten oder zwischen die Klamotten. Der Urlaub ohne Eltern machte uns riesigen Spaß. Und Heimweh? – Kannten wir nicht!

Zahnspangen

Fast jeder von uns hatte eine, ob fest oder locker, ob bunt oder durchsichtig – die Zahnspange. Die glitzernden Brackets in den Mündern der Jungen und Mädchen waren kein ungewöhnliches Bild mehr. Wem das erspart blieb, der hatte Glück, und gerne machte man sich über die FreundInnen lustig, die sich nach dem Zahnarztbesuch nicht mehr trauten, den Mund aufzumachen.

Unvergessen bleibt der Tag, an dem eine Mitschülerin das Klassenzimmer eine halbe Stunde nach Unterrichtsbeginn betrat, auf den Boden schaute und nicht einmal dem Lehrer eine Erklärung für ihr Zuspätkommen lieferte. Echten Kennern fiel natürlich sofort auf, dass ihre Lippen leicht hervorstanden und ebenso gerötet waren. Es gab eine Neue unter den Kettenbeißern! Auf Fotos wurde dann generell nur noch mit geschlossenem Mund gelächelt und bei wilderen Ballspielen oder gar beim Küssen sollte besondere Vorsicht an den Tag gelegt werden wegen der Verletzungsgefahr! Letztendlich war man jedoch nach den Jahren voller Scham und Pein überglücklich, wieder ein strahlendes Lächeln mit vor allem geraden Zähnen präsentieren zu können. Bei einigen stellte sich von da an das Foto-Dauergrinsen ein.

Der dritte Golfkrieg

Der 20. März 2003 markiert den Beginn des Dritten Golfkriegs durch eine Invasion der Streitkräfte der Vereinigten Staaten und ihrer Verbündeten in den Irak. Gerechtfertigt wurde die Invasion als Präventivkrieg, weil dem Irak der unerlaubte Besitz von Atomwaffen und die Unterstützung von Terrorgruppen unterstellt wurden. Die Regierung Deutschlands unter Kanzler Schröder und weite Teile der deutschen Bevölkerung stellten sich zusammen mit Frankreich im Irak-Konflikt gegen die Kriegspolitik der USA. Der Krieg dauerte nur wenige Wochen. Er endete mit der Kapitulation der irakischen Streitkräfte im April. Am 13. Dezember 2003 schließlich wurde der Diktator Saddam Hussein in seinem Versteck aufgespürt und festgenommen. Am 5. November 2005 wurde der ehemalige irakische Präsident von einem Sondergericht zum Tode verurteilt, am 30. Dezember wurde das Todesurteil gegen Saddam Hussein in Bagdad vollstreckt. Massenvernichtungswaffen wurden im Irak nie gefunden, damit ist eine wichtige Rechtfertigung für den Irakkrieg entfallen. Bis heute hat das Land seinen inneren Frieden nicht wiedergefunden. Immer wieder kommt es zu Attentaten.

Friends & Love

Küsst Nemo!

Wenn wir nach Hause kamen, schnappten wir uns meist als erstes das Telefon und liefen schnurstracks in unser Zimmer. Unbedingt mussten wir jemanden aus unserer Clique anrufen, um die neuesten Geschehnisse zu bequatschen: den Klatsch und Tratsch aus der Schule oder wer mit wem am vorherigen Abend geknutscht hatte. Für uns Teenager nahmen unsere Freunde einen immer wichtigeren Stellenwert neben der Familie ein. Wir verbrachten sehr viel Zeit miteinander. Nachmittags trafen wir uns zu Hause zum Quatschen, machten Pläne fürs Wochenende, gingen ins Schwimmbad oder ins Kino.

Das Interesse am anderen Geschlecht war längst geweckt und als dann der erste Liebesbrief ins Haus flatterte – „Willst du mit mir gehen?" –, entwickelten sich zaghafte, meist nicht sehr lang anhaltende Beziehungen. Unser damaliges Pärchenverhalten beschränkte sich zunächst auf schüchternes Händchenhalten, Telefonate und nachmittägliche Treffen und dauerte meist nicht länger als ein paar Tage oder Wochen.

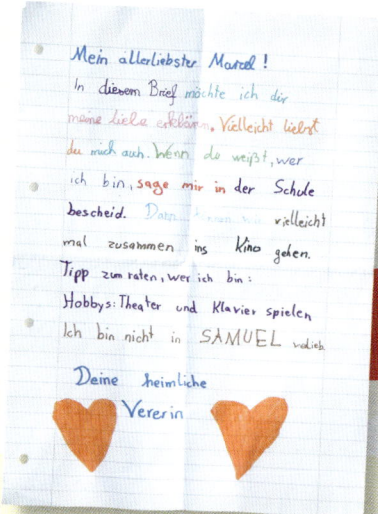

Alles wird anders

Allmählich waren wir mitten in der Pubertät gelandet, wurden zickig, aufmüpfig, diskutierten mit unseren Eltern darüber, dass wir selbst entscheiden wollten, wann es Zeit wurde, unser Zimmer aufzuräumen oder den Müll rauszubringen. Langsam bekamen wir mehr Verantwortung und lösten uns von unseren bisherigen Interessen. Wendy- und Micky-Maus-Hefte waren out, das andere

Geschlecht wurde für uns interessant. Die wichtigen Aspekte unserer Aufklärung lasen wir in der guten alten BRAVO, der YAM oder Popcorn, die in den Pausen angeregt diskutiert und durchgeblättert wurden. Sie berichteten über unsere Lieblingsstars, enthielten coole Poster, informierten über die aktuellen Trends und outeten besonders lustige Pannen, die von Lesern eingeschickt und dann nach Peinlichkeitsgrad bewertet wurden. Die für uns wirklich interessanten Themen präsentierte die BRAVO in ihrer Rubrik „Fragen an Dr. Sommer". Gemeinsam las man dann meist kichernd die Fragen der Jugendlichen zum „ersten Mal" oder „Was passiert mit meinem Körper, wenn ...". Selbst beim Sexualkundeunterricht in der Biostunde konnten wir dann mit unserem angelesenen Wissen glänzen und dank Dr. Sommer gab es jede Woche neuen Gesprächsstoff.

Wir lieben die Abwechslung

Die Pubertät war eine Zeit, in der wir viele Dinge ausprobierten, um unsere Persönlichkeit weiterzuentwickeln. Materielle Dinge bekamen eine große Bedeutung für uns. Ständig wurden wir von neuen Trends und käuflichen Dingen überflutet. Es stärkte unser Selbstbewusstsein und wir fanden uns cool und „dazugehörig", wenn wir den Trends der Zeit folgten. Waren es erst die Scout-Ranzen, dann die 4You-Rucksäcke, so trug später fast jeder einen Eastpack auf dem Rücken und als diese out waren, sah man nur noch Dakine-Rucksäcke in allen möglichen Farbkombinationen. Auch die Kleiderfrage spielte für uns eine immer größere Rolle und wir machten jede Mode mit: Von Schlaghosen zu Röhrenjeans mit Vans – die Mode wurde immer bunter und

wir kauften bewusst Markenartikel.
Besonders hip waren die kleinen runden
Buttons, die man nach Lust und Laune
an alles heftete, was einem gefiel und
die durch die Motive die Interessen des
Trägers dokumentierten. Die Jungs
gelten ihre Haare als Igel-Frisur oder
sie hatten ultramoderne Cuts (Muster)
in ihrem kurz geschorenen Haar. Weiße Adidas-Turnschuhe
„Old School" oder die Nike „Total 90" waren ein Muss für das männliche
Geschlecht. Auf die ersten Bartstoppeln bei den Jungs und die lästigen
Pickel bei den Mädchen waren wir gut vorbereitet. Jugendzeitschriften wie
„Jolie" und „Bravo" halfen uns mit Tipps und Tricks, diese schwierige
Lebensphase zu überstehen.

Wir sind Papst!

*So lautete die große Schlagzeile der
BILD-Zeitung, nachdem der deutsche
Kardinal Joseph Ratzinger am 19. April
2005 zum neuen Papst Benedikt XVI.
gekürt worden war. Er folgte damit Johan-
nes Paul II., der im Alter von 84 Jahren
nach fast 27-jährigem Pontifikat verstarb.*

*Bei einer seiner ersten Reisen weilte
Papst Benedikt im September 2006 in
Deutschland. Er sollte bis zu seinem
Amtsverzicht 2013 das Amt des Papstes
ausfüllen.*

Konfirmation

Während die Katholiken unter uns bereits im Grundschulalter mit der Kommunion ihren großen Tag hatten und einige von ihnen bereits der Firmung entgegensahen, stand für die Evangelischen unter uns mit dem 14. Lebensjahr ein besonderes Ereignis vor der Tür: die Konfirmation. Anfangs vielleicht noch etwas skeptisch gegenüber dem, was uns erwarten würde, meldeten wir uns zum Konfirmandenunterricht an, denn schließlich hatten dies ja all die anderen vor uns auch schon hinter sich. Einmal pro Woche traf sich die kleine Schar im Zeitraum von fast einem Jahr mit dem Pfarrer oder der Pfarrerin der Gemeinde und lernte das christliche Basiswissen. Oft traf man hier auf alte KlassenkameradInnen aus der Grundschule, die man seitdem nicht mehr gesehen hatte. Höhepunkt des Konfirmandenunterrichtes war die Konferfahrt, bei der alle Konfis ein gemeinsames Wochenende verbrachten.

Als der Termin der Konfirmation endlich feststand und es in die letzte Phase der Vorbereitungen ging, war sowohl für die Eltern als auch für uns allerhand zu tun. Man brauchte ein für die Kirche angemessenes Outfit (was für ein Stress!), musste sich um die Einladungen kümmern und das Essen und den Ort der Feier mit den Verwandten festlegen.

Nach dem offiziellen Gottesdienst waren wir anerkanntes Mitglied der Kirchengemeinde und freuten uns besonders auf die Feier danach. Ehrlicherweise müssen wir zugeben, dass neben dem kirchlichen Aspekt die Geschenke eine

Wir Konfirmanden.

große Rolle spielten. Wir hatten mit den Einnahmen schon vorher kalkuliert und konnten uns endlich den ersehnten Laptop, das Handy oder einen iPod leisten.

Abends, nachdem die Familienfeier vorbei war, traf sich die ganze Konfirmandenschar zur inoffiziellen, aber recht fröhlichen Party auf dem Sportplatz oder anderswo.

Das Tanzbein schwingen

Dem Konfirmandenunterricht folgte in der Regel ein Tanzkurs. Dieser Herausforderung konnte sich kaum einer entziehen. Doch wer sich anmeldete, brauchte auch einen Tanzpartner oder eine Tanzpartnerin. Natürlich bevorzugte man jemanden, den man kannte, und so begann die Jagd auf noch unvergebene Freiwillige. Egal ob Cha-Cha-Cha, Walzer oder Foxtrott, wir lernten diese Standardtänze mit mehr oder weniger großem Erfolg und Vergnügen und am Ende des Kurses beherrschten wir zumindest die wichtigsten Grundschritte. Pech, wenn sich herausstellte, dass der Tanzpartner kein Rhythmusgefühl besaß und man ständig auf den Fuß getreten wurde. Der Abschlussball war der Höhepunkt unserer tänzerischen Karriere. Die Jungen, ausgestattet mit Krawatte und dunklem Anzug, waren kaum wieder zu erkennen, die Mädchen, herausgeputzt in tollen Kleidern, waren die Hauptpersonen des Abends und konnten den Eltern und Verwandten zeigen, was sie in den letzten Monaten

Typisch für unseren Abschlussball: Abendkleid und Anzug.

gelernt hatten. Für manche Eltern stellte der Abend gleichfalls eine kleine Herausforderung dar. Auch sie mussten sich in Schale werfen, das Tanzbein schwingen und gerieten dabei ganz schön ins Schwitzen.

MTV und Popstars

Mit „Popstars" hatte im Jahr 2000 der Boom der Castingshows begonnen. Im Jahr 2003 folgte „Deutschland sucht den Superstar" mit Dieter Bohlen in der Jury. Im Sommer desselben Jahres trennte sich nicht nur Bohlens Band „Modern Talking", sondern auch die erste deutsche gecastete Popband, die „No Angels". Mit „Daylight" hatten sie sich in unsere Herzen gesungen. Bei DSDS, das nach dem Konzept des amerikanischen „American Idol" aufgebaut ist, meldeten sich Tausende Menschen aus den hintersten Zipfeln Deutschlands an. Die Hoffnung, entdeckt zu werden, war groß, ihr Potenzial eher gering. So saßen wir oft amüsiert vor dem Fernseher und verfolgten die KandidatInnen bei ihrem hart kommentierten und regelrecht peinlichen Werdegang zum „Superstar". Die Talentschauen setzen sich mit „Star Search", „Germany's Next Topmodel" und „Das Supertalent" fort. Hier durften neben SängerInnen und Models sogar Comedians kurzzeitig die Luft des Ruhmes schnuppern. Realityshows bannten uns vor den Fernseher und trieben den TV-Voyeurismus auf die Spitze: „Big Brother" oder „Dschungelcamp" sind nur zwei Beispiele. Zusätzlich verfielen wir den Nachfolgern der Soaps, den Telenovelas. Bestes Beispiel: „Verliebt in Berlin". Die Sucht nach der Dramatik, den Tränen und der Spannung ging bei manchen so weit, dass der ganze Tagesablauf extra so ausgelegt wurde, dass man die nächste Folge auf keinen Fall verpasste. Die Musiksender „MTV" und „VIVA" versorgten uns mit der aktuellsten Musik, mit Entertainment und Lifestyle und, nicht zu vergessen, mit in der Werbepause dudelnden Klingelton-Neuheiten oder Handy-Logos.

Wir übten schon mal für die nächste Staffel.

Unsere Reise in die **Volljährigkeit**

Deutschland, ein Sommermärchen

Im Sommer 2006 waren die Straßen bei uns abends wie leer gefegt, die Fernseher besetzt und die Stadien gefüllt – na klar – es war Fußball-WM, und zwar im eigenen Land! Die Stimmung und Begeisterung der Deutschen stieg von Spiel zu Spiel. Die schwarz-rot-goldenen Flaggen vermehrten sich rapide. Bereits in der Qualifikationsphase outeten sich die wahren Fans, die die deutsche Flagge im Garten hissten, Trikots von Poldi und Co. kauften und kleine Fähnchen am Autofenster befestigten. In den Radios liefen die Songs zur WM rauf und runter. Schon vor Beginn der Spiele konnte man die WM-Hits „Love Generation" von Bob Sinclar und „'54, '74, '90, 2006" von den Sportfreunden Stiller mitsingen. Ein Volk, das als ernst und unaufgeschlossen galt, mutierte zu fröhlichen, hilfsbereiten Menschen, die sich gegenseitig in

Unsere Fußballhelden.

Chronik

10. Februar 2006
Im italienischen Turin werden die XX. Olympischen Winterspiele eröffnet. Die deutsche Mannschaft gewinnt im Medaillen-Wettbewerb vor den USA.

9. Mai 2006
Der als „Kannibale von Rotenburg" bekannt gewordene Armin Meiwes wird zu lebenslanger Freiheitsstrafe verurteilt.

8. Dezember 2006
Nintendo bringt die Wii-Konsole auf den Markt.

4. Februar 2007
Die deutsche Herrenmannschaft gewinnt in Köln das Finale der Handballweltmeisterschaft gegen Polen.

8. Juni 2007
In Heiligendamm geht der G8-Gipfel zu Ende. Die Staats- und Regierungschefs waren zusammengekommen, um über die Themen Klimaschutz und Hilfe für Afrika zu diskutieren.

30. September 2007
Deutschland gewinnt die Fußballweltmeisterschaft der Frauen in China.

4. November 2008
Barack Obama wird zum ersten schwarzen Präsidenten der Vereinigten Staaten von Amerika gewählt.

11. März 2009
Beim Amoklauf von Winnenden an der Albertville-Realschule werden 15 Menschen ermordet. Der 17-jährige Täter Tim Kretschmer wird von der Polizei gestellt und erschießt sich schließlich selbst.

25. Juni 2009
Der Tod Michael Jacksons löst weltweite Trauer aus. Er war mit ca. 750 Millionen verkauften Tonträgern einer der kommerziell erfolgreichsten Musiker in der Geschichte der Popmusik.

27. September 2009
Bei der Bundestagswahl wird Angela Merkel im Amt bestätigt. Sie regiert in einer Koalition aus CDU/CSU und FDP.

24. Juni 2010
Bei der Loveparade in Duisburg entsteht eine Massenpanik wegen Überfüllung, 21 junge Menschen sterben, über 500 werden verletzt.

den Armen lagen und lauthals „Deutschlaaaaaaaaand" grölten. Von Sieg zu Sieg versammelte sich eine immer größer werdende Fangemeinde vor den Bildschirmen, es wurde gefeiert, das Bier floss in Strömen und man freute sich auf das Finale. Garagen wurden zu Kinos umfunktioniert und man konnte während der Werbepause noch rasch den Grill anwerfen. Die Menschen zogen auf die Straßen, fuhren in Autokorsos und Hupkonzerte brachen nach jedem Sieg los. Das Motto „A time to make friends" hatte voll gegriffen. In den großen Städten traf man sich zum „Public Viewing", wo man die Spiele auf der Großleinwand miterleben konnte. Kaum ein anderes Großereignis hatte die Deutschen und ihre Gäste so zusammengebracht wie diese Fußballspiele. Sogar im Kino konnte man gemeinsam das Halbfinale verfolgen. Geschmückt mit Flagge, Schal, Trikot und bunter Bemalung

versammelte man sich für den großen Moment. Die Hoffnung war groß, dass es „Klinsis Jungs" bis ins Finale schaffen würden. In den letzten Minuten, die uns vom Finale trennten, stieg die Spannung bis ins Unerträgliche. Und da war er – nur ein kurzer italienischer Augenblick, aber er genügte, um den Traum vom Weltmeistertitel im eigenen Land zu zerstören. Und dennoch, er war wie ein Märchen, dieser Sommer.

Deutschland in Schwarz, Rot, Gold – ein Sommermärchen.

Ausgehen

Nicht nur bei der Fußball-WM feierten wir gemeinsam mit unseren Freunden. „Was machst du am Wochenende?" – eine der am häufigsten gestellten Fragen bei uns Jugendlichen, denn schließlich musste unsere freie Zeit sorgfältig geplant werden. Hier konnten wir endlich Schule und Pflichten vergessen und gemeinsam das Nachtleben erkunden. Egal ob beim Karneval, bei Hauspartys, auf der Kirmes, bei Feten, in der Disko oder bei Mottonights – Hauptsache, wir hatten Spaß dabei. Mit 16 konnten wir uns dank unseres lang ersehnten „Persos" Zugang zu kleineren Diskotheken oder Abifeten verschaffen. Leider war unser Aufenthalt noch eingeschränkt. So mussten wir oftmals erst den Aufsichtszettel, auch „Muttizettel" genannt, ausdrucken, ausfüllen und einen Aufsichtsberechtigten vorweisen, wenn wir nicht schon um Mitternacht gehen bzw. rausgeschmissen werden wollten.

Damit begann sie, unsere Zeit des Ausprobierens. Zuerst tanzten wir ausgelassen zu den

Aufi geht's!

Kirmeshits im Festzelt, später zu den Beats der DJs, die von Housemusic in all seinen Stilrichtungen über Hip-Hop, Pop, Oldies und Rock fast alles miteinander mixten und die Menge zum Schwitzen brachten. Laut sangen wir mit bei „Krawall und Remmi-Demmi" von Deichkind, tanzten zu „Put Your Hands Up For Detroit" von Fedde le Grand oder hüpften zu den Klängen des Hamburger DJ-Teams The Disco Boys. Auf der Getränkeliste der Theke standen vor dem Hochprozentigen die Biermixgetränke ganz oben. Sie waren neben den späteren Alkopops das Teenagergetränk unserer Generation. Durch die Mischungen schmeckte der Alkohol nicht bitter, sondern süß. Großzügig gab man seiner neuen Diskobekanntschaft gerne einen Drink aus. In den Morgenstunden machten wir uns dann, dank der zu lauten Musik, mit kontinuierlichem Pochen in den Ohren, auf den Heimweg. Der eine torkelnd zu Fuß, der andere hellwach mit dem Fahrrad, der nächste schlafend im Auto. Was für eine Nacht!

1000 und 1 Nacht
– Auf zur Mottoparty.

Der Weg zum Traumberuf

Im Alter von ca. 16 Jahren begann für viele von uns wieder einmal ein ganz neuer Lebensabschnitt. Wer die Haupt- oder Realschule besucht hatte oder die Lernerei am Gymnasium satthatte, bewarb sich um einen Ausbildungsplatz. Schon die Entscheidung, welchen Berufsweg man einschlagen wollte und welcher Beruf der richtige für einen war, fiel Vielen nicht leicht. Dabei halfen nicht nur die Eltern und die LehrerInnen, sondern auch das Arbeitsamt. Dann galt es, eine ordentliche Bewerbung zu Papier zu bringen. Doch leider war es für die meisten angehenden Auszubildenden unseres Jahrgangs nicht mit einem oder zwei Bewerbungsschreiben getan, da es zwar offiziell genügend Ausbildungsplätze gab, aber sie mussten ja auch dem gewünschten Berufsbild entsprechen und möglichst nahe der Heimat sein. Irgendwann hatten die meisten einen Ausbildungsvertrag in der Tasche und das Arbeitsleben konnte beginnen. Die Umstellung auf einen 8-Stunden-Tag und nebenbei

das Lernen für die Berufsschule fiel nicht allen leicht, und so mancher sehnte sich zurück nach seiner alten Schulbank. Toll war es natürlich, sein eigenes Geld zu verdienen, auch wenn es im ersten Lehrjahr nicht viel war, aber mehr als das Taschengeld war es allemal!

Klima und Katastrophen

Kein Thema beschäftigt uns mehr als das Wetter. Ob im Urlaub oder zu Hause – immer ist es entweder zu kalt, zu warm, zu nass, aber selten genau richtig. Wir leben im Zeitalter der allgemeinen Klimaerwärmung mit Auswirkungen auf alle möglichen Lebensbereiche. Unwetter wie Hurrikans, gewaltige Regengüsse, heftige Schneefälle, lange Kälteperioden, Überschwemmungen, Tsunamis oder Hitzeperioden bedrohen Existenzen und fordern dazu auf, deutlich mehr für die Erhaltung der Umwelt als unsere Lebensgrundlage zu tun.

- *August 2002: Jahrhundertflut an der Elbe und einigen ihrer Nebenflüsse.*
- *2003 ging als heißestes Jahr in Deutschland seit 1540 in die Geschichte ein. Vorteil: Es wurde ein Jahrhundertjahrgang für die deutschen Winzer.*
- *26. Dezember 2004: Durch ein Erdbeben der Stärke 9,1 auf der Richterskal im Indischen Ozean nahe Sumatra kam es zu einer zehn Meter hohen Flutwelle (Tsunami), die weite Teile von Indien, Sri Lanka, Thailand, Malaysia und vor allem Indonesien verwüstete. Es kamen ca. 230 000 Menschen ums Leben. Das Beben war das bei Weitem stärkste einer ganzen Bebenserie mit einer Länge von über 1000 Kilometern entlang der Grenze der indisch-australischen und der eurasischen Erdplatte.*
- *29./30. August 2005: Der Hurrikan Katrina richtete schwere Schäden im Süden der USA an. Besonders betroffen war die Stadt New Orleans, die größtenteils überschwemmt wurde. Es kam zu zahlreichen Todesopfern.*
- *26. September 2005: Hurrikan Rita, der stärkste Hurrikan seit Beginn regelmäßiger Aufzeichnungen, tobte im Golf von Mexiko.*
- *18. Januar 2007: Der Orkan Kyrill fegte über weite Teile Europas hinweg. Er forderte dort 34 Menschenleben und richtete mindestens 8 Mrd. Euro Sachschaden allein in Deutschland an.*
- *Das Jahr 2008 war das neuntwärmste Jahr seit Beginn der Wetterstatistik. Damit liegen die zehn heißesten Jahre allesamt zwischen 1997 und 2008.*

Sprechen Sie deutsch!

Schon Goethe war fasziniert von dem Phänomen Jugendsprache: „Ich hör' es gerne, wenn die Jugend plappert: Das Neue klingt. Das Alte klappert."

Die Sprache unserer Generation wurde beeinflusst von den verschiedensten Faktoren. Wir, die Generation global, aufgewachsen in einer Zeit des immer stärkeren Einflusses der Medien und des Multikulturalismus. Unser Sprachgebrauch variierte stark je nach unserer Umgebung und unserem sozialen Umfeld. Unter Freunden setzte sich der gekürzte Spracheinsatz durch: „Boah ey, wasn das?" Wir bauten unseren Chat-Slang in unseren Sprachgebrauch ein und fügten Füllwörter wie „krass", „Alter" oder „geil" hinzu, um unserer Aussage Nachdruck zu verleihen.

Manch engagierter Deutschlehrer versuchte hingegen den Wortschatz seiner Schüler mit Fremdwörtern aufzubessern. Denn nur dies würde im Dialog oder bei philosophischen Diskussionen die Intellektualität des Wortführers gewährleisten können. Zur Prävention von Missinterpretationen oder Diskrepanzen in der Kommunikation sollte man die Wörter jedoch präzise selektieren, um nicht in blamable Situationen zu geraten.

Im Unterricht wird aufgepasst.

Die Bundeskanzlerin

Geboren wurden wir zur Regierungszeit von Helmut Kohl, dem Kanzler der Einheit. Sechs Jahre später übernahm Gerhard Schröder von der SPD das Zepter, der mit seinem „Turnschuhminister" Joschka Fischer bis 2005 die Richtlinien der Politik bestimmte. Danach war wieder die CDU an der Reihe. Mit Angela Merkel wurde 2005 erstmals eine Frau an die Spitze der deutschen Bundesregierung gewählt. Und sie regierte nicht nur für eine Amtszeit. Nach der Wahl vom 27. September 2009 wechselte allerdings der Koalitionspartner. Der SPD folgte der Wunschpartner FDP mit Guido Westerwelle an der Spitze.

Doch im Jahr 2009 bestimmte nicht nur diese Bundestagswahl die Diskussionen, sondern wir feierten große Jubiläen: 20 Jahre Mauerfall und 60. Geburtstag der Bundesrepublik Deutschland.

Die einen so ...

Jugendkulturen

Im fortgeschrittenen Jugendalter reifte nicht nur unsere Persönlichkeit heran, sondern wir bewegten uns zwischen verschiedenen äußerlichen Trends, Musikrichtungen, persönlichen und politischen Einstellungen wie ein schwankendes Schiff hin und her. In unserem Freundeskreis fanden wir Anerkennung und Menschen gleicher Interessen. Wir teilten unsere Lebenseinstellung und äußerten diese, bewusst oder unbewusst, mit unserem Kleidungsstil. Dennoch verband man mit jedem Trend ein Vorurteil, mit dem man uns Jugendliche einzuordnen versuchte. „Hopper" war, wer in weiten, tief geschnittenen Hosen, genannt „Baggy Pants", herumlief, bei denen schon so viel von den Boxershorts herausschaute, dass der Hosenbund in der Kniekehle hing. Sie mochten oversized Sportanzüge, trugen Bling-Bling-Accessoires wie dicke Ketten und glitzernde Ohrstecker mit verkehrt herum getragenen Baseballcaps. Oder die „Skater", sie kleideten sich mit lässigen Hosen von Carhartt, Skateschuhen von Etnies und weiten T-Shirts, bedruckt mit Aufschriften ihrer meist rockigen Lieblingsbands „Nirvana " oder „Blink 182". Manche trugen die Hosen in den Socken, spielten ihre Handymusik laut im Bus und imitierten das Gangster-image von Bushido oder Sido. Andere liefen in weißen, hochhackigen Stiefeln herum, trugen weit ausgeschnittene Oberteile aus Polyester, enge Hosen mit Hell-Dunkel-Muster, glitzernden Steinchen und künstlichen Fingernägeln. Vielleicht fühlte man sich aber auch zu der in den 2000er-Jahren entstandenen Modeerscheinung des „Emo" hingezogen, dann trug man dunkle Haare mit Pony, ein Auge überdeckend, welches durch eine farbige Blocksträhne

... die anderen so.

gekennzeichnet war, die Kleidung war schwarz mit Rot oder Pink gemischt und gemustert mit Sternchen zu Röhrenjeans. Viele trugen die angemalten und ausgelatschten Schuhe von Converse oder Vans, aus deren Sortiment am meisten der Typ Chucks oder Slip-On bevorzugt wurde.

Zu den „Normalos" zählte man sich, wenn man nicht solch einen Hang zum Extremen hatte, sich zu keinem dieser Trends bekennen konnte und häufiger seinen Stil als auch seinen Geschmack änderte. Tommy Hilfiger oder H&M, Armani oder Secondhand. Ein Tuch um den Hals geschlungen, Sweatshirt oder Kapuzenpulli. Die Haare mal kurz, mal lang. Manchmal erfanden wir uns völlig neu, wurden umweltbewusst oder hörten statt der neuesten Charthits die alten Schallplatten unserer Eltern.

An so manche „Jugendsünden" und modische Fauxpas würden wir uns in Zukunft gerne zurückerinnern und darüber lachen können. Die Existenz unserer Jugendkulturen mit all ihren Subkulturen machte uns flexibel und öffnete uns für Neues. Wir akzeptierten uns mehr oder weniger gegenseitig und trugen als heranwachsende, unbequeme junge Leute unseren Teil zum gesellschaftlichen Leben bei.

Die Finanzkrise

Die Gesellschaft für deutsche Sprache kürte das Wort „Finanzkrise" zum Wort des Jahres 2008.

Die Finanzkrise war eine Banken- und Wirtschaftskrise, die im Frühsommer 2007 mit der US-Immobilienkrise begann. Sie war Folge eines spekulativ aufgeblähten Wirtschaftswachstums in den USA und einer weltweiten kreditfinanzierten Massenspekulation an den Börsen. Mit fallenden Immobilienpreisen in den USA wurde die Finanzkrise akut. Gleichzeitig konnten immer mehr Kreditnehmer ihre Raten nicht mehr bezahlen. Am 7. September 2008 gelang es der amerikanischen Aufsichtsbehörde gerade noch, den Bankrott zweier Banken abzuwenden, aber eine

Woche später meldete das Finanzinstitut Lehman Brothers Insolvenz an. Gerade im Finanzbereich waren die Wirtschaftssysteme eng miteinander verflochten. Weltweit fielen die Aktien ins Bodenlose, große Firmen und Banken wurden zahlungsunfähig. Regierungen mussten eingreifen, um größeren volkswirtschaftlichen Schaden abzuwenden. In Deutschland war es vor allem die Hypo Real Estate, die mit massiven Zahlungen vor dem Zusammenbruch bewahrt wurde. Infolge der Krise musste am 1. Juni 2009 der Autobauer General Motors mit 243 000 Mitarbeitern Insolvenz anmelden. Davon war auch die deutsche Tochtergesellschaft Opel betroffen.

Konnektivität im globalen Netzwerk

Unsere Generation, die mit dem Bildschirm aufgewachsen ist, war online fast täglich aktiv. Sei es wegen einer Recherche für die Hausaufgaben über die menschliche DNA bei Wikipedia oder wegen der Suche nach einer geeigneten Referatvorlage über die französische Revolution mithilfe von Google oder wegen einer Auktion bei Ebay.

Die beliebten deutschen Netzwerke unserer Zeit waren „Wer-kennt-wen", „SchülerVZ" und „StudiVZ". Hier konnte man sich täglich austauschen, indem man Gruppen beitrat oder welche gründete, Fotos hochlud und Freundschaftseinladungen versendete. Man änderte sein Profil, freute sich auf neue Pinnwandeinträge oder nutzte die Rubrik „Was machst du gerade?" als öffentliches Tagebuch und teilte seinen Freunden die aktuellen Geschehnisse mit. Wir fanden Leute, die unsere Interessen teilten, die eine andere Sprache sprachen, aber trotzdem „World of Warcraft" zockten oder Justin Timberlake anhimmelten.

Würden wir so jemals zu gesellschaftstauglichen Wesen heranwachsen? Tatsächlich wurde es für uns schon selbstverständlich, mal eben eine E-Mail aus dem Urlaub nach Hause oder an den Onkel in Frankreich zu schreiben, da diese Methode des Briefaustausches sehr viel schneller und weniger aufwendig war, als einen vollständigen Brief zu verfassen. Schließlich befanden wir uns im ständigen Dialog via Instant-Messaging-Programmen wie ICQ und MSN, chatteten bis spät in die Nacht, natürlich mit Flatrate! Beim Chatten und SMS-Schreiben entwickelten wir unsere eigene Technik, um möglichst schnell tippen zu können. In diesem Chat-Slang gebrauchten wir für Außenstehende nicht identifizierbare Zeichen, Ziffern und Kürzel. Mit bestimmten Tastenkombinationen konnten wir sogar Emotionen ausdrücken oder Smileys einfügen. Floskelhafte Wendungen entstanden durch die meist englischen Abkürzungen, wie beispielsweise lol (laughing out loud) oder np (no problem), welche bei dem ein oder anderen sogar in den Wortschatz übernommen wurden und aus normalen Unterhaltungen nicht mehr wegzudenken waren. Die Kritik gegenüber den Webblogs und Netzwerken wurde wegen der Datenpreisgabe der Nutzer zum heftig debattierten Thema. Sehr gemein war das „Cybermobbing". Häufig wurden brutale Übergriffe auf Mitschüler per Bluetooth verschickt und im Internet veröffentlicht. Durch Präventionsarbeit versuchte man dies so gut es ging zu verhindern.

Wir wollen mitreden

Mit unserer fortschreitenden Reife und unserem sich entwickelnden Interesse für die Gesellschaft und die Politik begannen wir Dinge zu hinterfragen. Wir wollten unsere eigenen Interessen vertreten, sci es als aktives Mitglied bei „Greenpeace", um gegen die Verlängerung der Laufzeit von Atomkraftwerken zu protestieren oder als Mitglied einer Partei. Wir setzten uns für den Klimaschutz und nachhaltige Entwicklung ein. Wir wollten etwas verändern und auf uns aufmerksam machen, auch wenn wir nur wenige waren und politische Entscheidungen nicht verhindern konnten. Von Politikverdrossenheit war nicht viel zu spüren, denn vielen von uns waren die aktuellen Ereignisse nicht mehr gleichgültig. Neben den globalen Themen interessierten uns natürlich auch die regionalen politischen Entscheidungen. Als Schüler kritisierten wir die verkürzte Gymnasialzeit durch das Turbo-Abitur alias G8 sowie das mehrgliedrige Schulsystem oder wir setzten uns für ein gebührenfreies Studium ein. Auch wenn wir nicht von den Drahtziehern der Politik erhört wurden, so hatten wir wenigstens ein Zeichen gesetzt. Die Freude und Verantwortung wuchs natürlich auch in Hinblick auf die Volljährigkeit, da wir ab 18 Jahren endlich wählen durften.

Führerschein mit 17

Seit dem 1. Oktober 2006 war es uns Jugendlichen im Alter von mindestens 16½ Jahren möglich, die Fahrausbildung zu absolvieren. Also konnten wir mit 17, ein Jahr früher als bisher, unseren Führerschein erwerben.

Begleitetes Fahren mit 17.

Nun durften wir bis zu unserem 18. Geburtstag in Begleitung eines erfahrenen älteren Beifahrers selbst am Steuer sitzen. Wir als Teilnehmer des Modellprojektes „Begleitetes Fahren mit 17" waren begeistert von der Möglichkeit, endlich Auto fahren zu dürfen, auch wenn es vorerst mit den Eltern war. Als wir die nervenaufreibende Zeit der Theorie- und Praxisstunden endlich hinter uns hatten, die Prüfung bestanden war und wir uns mit der pinkfarbenen Prüfbescheinigung auf den Weg machen konnten, waren wir glücklich und fühlten uns schon so erwachsen. Einen Nachteil hatte es allerdings, denn wenn die Eltern erst einmal als Begleitperson eingetragen waren, waren wir gezwungen, uns ihren Kommentaren vom Beifahrersitz zu stellen. Obwohl diese gut gemeint und hilfreich sein sollten, klangen sie anfangs eher ängstlich oder genervt. Mit der Zeit entwickelte man als FahrerIn eine besondere Vorliebe für bestimmte MitfahrerInnen, nämlich für die, die sich an ihre Aufgabe gewöhnt hatten und entspannt zurücklehnten. Wie auch immer, wir waren nun gut darauf vorbereitet, uns allein im Straßenverkehr fortzubewegen. Somit stieg auch die Freude auf den 18. Geburtstag, an dem wir den regulären Führerschein bekommen sollten und endlich unsere Mobilität ohne nörgelnde Eltern voll ausschöpfen konnten.

Gemeinsam reisen wir um die ganze Welt.

In die weite Welt

Zu unseren großen Träumen gehörte das Reisen. Wir wollten etwas von der Welt sehen – sei es für ein Jahr als SchülerIn eine Schule in einem anderen Land zu besuchen, eine Reise nach Übersee, um die Sprachkenntnisse aufzubessern und die Kultur und Lebensweise anderer Menschen zu erkunden, an einem Schüleraustausch teilzunehmen oder einfach nur um zu relaxen und zu feiern. In Zeiten des zunehmenden Flugverkehrs war unser

Im Land der unbegrenzten Möglichkeiten.

Radius groß. Zwar brauchte man hierfür das nötige Taschengeld, aber dafür hatten wir meist vorgesorgt. Viele von uns arbeiteten nebenbei und verdienten so ihr erstes Geld beim Babysitting der Nachbarskinder, beim Kellnern in der Pizzeria, beim Kistenstapeln im Supermarkt oder beim Kartenabreißen im Kino. Zunächst musste sorgfältig geplant werden, was man sich von seinem hart erarbeiteten Geld leisten wollte, aber für uns stand fest: Wir wollten reisen. Wir lernten nicht nur die Sprache, sondern auch mit den verschiedensten Menschen umzugehen und fremde Situationen zu bewältigen. Schon nach kurzer Zeit tickten unsere Uhren anders, denn wir passten uns dem anderen Lebensstil schnell an. Egal ob kurz oder lang, ob gut oder schlecht, wir haben einiges von unseren Trips mitgenommen, wichtige Erfahrungen gesammelt und oft auch Freunde fürs Leben gefunden.

Bald kehren wir der Schule den Rücken ...

... und wir machen uns auf zu neuen Ufern.

Ein Jahrgang wird erwachsen

2010 – ein Jahrgang wird erwachsen – der
18. Geburtstag, das Warten hatte ein Ende!
Wir waren am Ziel: Unsere BegleitfahrerInnen
gingen ab jetzt zu Fuß, wir bestimmten, wer ins
Parlament kommen sollte. Unsere Entschuldigun-
gen unterschrieben wir selbst, in der Disco hatten
wir spät nachts kein schlechtes Gewissen mehr.

Wir wussten, was wir durften, aber wir wussten
nicht, was aus uns werden würde. Wie würde
unsere Zukunft aussehen? Ausbildung oder
Studium, Wohnung und Leben, Freizeit und
Hobbys, Familie und Gesundheit – wichtige
Schlagwörter für einen Jahrgang, der den ersten
Schritt in ein selbst bestimmtes Leben gerade vollzogen hat.

Die ersten 18 Jahre hatten wir im heimischen Nest verbracht, waren gefüttert
und gepflegt worden. Stets war jemand da, der uns sagte, was wir tun oder
lassen sollten. Damit war jetzt ein für alle Mal SCHLUSS.

1992 – ein glorreicher
Jahrgang wird erwachsen.